消えた江戸300藩の謎

明治維新まで残れなかった「ふるさとの城下町」

八幡和郎

イースト新書Q
Q039

はじめに　「残れなかった藩」こそが、歴史ドラマの宝庫である

江戸《えど》300藩といいますが、正確な数を数えるのは大変難しい作業です。江戸時代の中期からはだいたい安定していて、幕末には270前後ですが、少しややこしいため、くわしいことは本書の最後のほうで説明します。江戸時代全体での延べ数を数えると、大名家《だいみょうけ》でいうと600家くらいになります。

そもそも「藩」というものは江戸時代には存在していませんでした。先に挙げた270前後というのは諸侯《しょこう》といわれる大名の数です。そして、その大名の領地は、たとえば、いわゆる会津《あいづ》藩なら松平肥後守御領知《まつだいらひごのかみごりょうち》とかいっていましたし、武士団は松平肥後守御家中《ごかちゅう》です。

それが明治2（1869）年に版籍奉還《はんせきほうかん》があって、土地と人民を天皇に返して、大名たちが新たに設けられた「藩」という組織の知藩事《ちはんじ》に任命されたのが「藩」の始まりです。

2年後の明治4（1871）年には廃藩置県《はいはんちけん》の断行により、大名は東京に引っ越しさせられ、「藩」は「県」と名称を変更して中央政府直轄の組織になりましたから、公式組織名

としての「藩」はわずか2年だけの命でした。

「長州藩《ちょうしゅう》」とか「土佐藩《とさ》」とかいうものは廃藩置県のあとになってからの呼び名ですし、いわゆる藩の組織についての法令が江戸時代にあったわけでもないのですが、日本全体の4分の3ほどの土地と人民を実質的に支配していた存在ですから、それがどのように変遷してきたかは、よく知る値打ちがあります。

本書では、豊臣秀吉《とよとみひでよし》政権下で太閤検地《たいこうけんち》などが行われ、藩のようなものが成立したということを踏まえ、関ヶ原《せきがはら》の戦いの直前から廃藩置県までに存在したすべての大名家や藩を俯瞰《ふかん》してみようと思います。

構成は、まず関ヶ原の戦いの前後にどのような藩があったかを紹介し、次いで江戸時代になくなってしまった藩（**太字**）をすべて洗い出し、最後に幕末維新の時期の変動について解説するかたちで、3段階に分けて説明します。

前記のような理由で、何をもって大名とか藩と呼ぶかは正確な線引きはできませんが、あまり神経質に定義づけなどするのではなく、できるだけたくさんの藩を紹介したいと思います。

八幡和郎《やわたかずお》

消えた江戸300藩の謎●目次

第2章 「関ヶ原の戦い」の怨念で消えた藩

第3章 「築城」「城の移転」で消えた藩

第4章 「反乱の疑い」で消えた藩

第5章 松平・徳川一族の「お家事情」で消えた藩

第6章 「お家騒動」「大人の事情」で消えた藩

第7章 「セクハラ」「パワハラ」「スキャンダル」で消えた藩

第8章　後継者が確保できずに消えた藩

凡例
● 廃藩置県まで残った藩
▲ 明治維新まで残った藩
○ 明治維新まで残れなかった藩
〈出典〉八幡和郎『江戸の殿さま 全600家』
(講談社+α文庫)に筆者が加筆修正
蝦夷
館
松前
陸奥
斗南
弘前
黒石
七戸
堀越
羽後
陸中
八戸
福岡
湊
久保田(秋田)
亀田
角館
盛岡
陸中
出羽
仁賀保
本荘
六郷
横手
矢島
岩崎
陸奥
松山
鶴岡
大山
新庄
一関
丸岡
羽前
村山
陸前
岩出山
佐渡
三日市
新発田
村上
左沢
長瀞
天童
黒川
山形
中津山
三根山
上山
仙台
三条
沢海
安田
高畠
岩沼
椎谷
与板
白石
村松
米沢
春日山
長峯
米沢新田
桑折
梁川
長岡
下村
糸魚川
福島
中村
藤井
蔵王堂
会津
下手渡
越後
岩代
二本松
磐城
坂戸
岩瀬
三春
守山
高田
白河
石川
高柳
白河新田
磐城平
福島
浅川
棚倉
湯長谷
泉
菊多

東北・北海道

江戸時代までに消えた300藩、明治維新まで残った300藩

関東

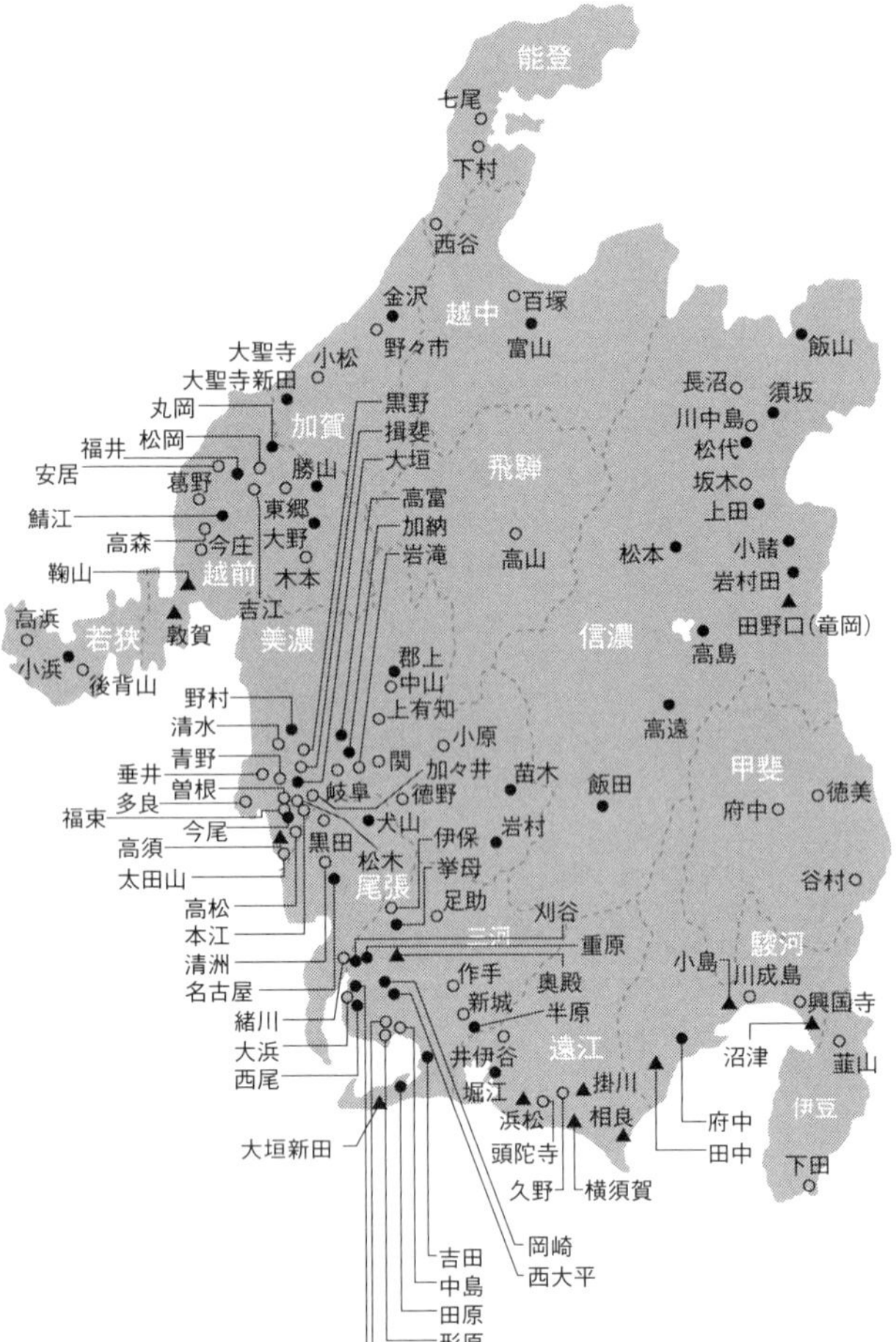

能登
七尾
下村
西谷
金沢
越中
百塚
富山
野々市
飯山
大聖寺
小松
大聖寺新田
長沼
須坂
丸岡
黒野
加賀
川中島
揖斐
松代
福井
松岡
大垣
飛騨
安居
勝山
葛野
坂木
高富
東郷
上田
鯖江
加納
大野
高山
松本
小諸
高森
今庄
岩滝
鞠山
越前
木本
岩村田
吉江
高浜
田野口(竜岡)
若狭
敦賀
美濃
信濃
小浜
郡上
高島
後背山
中山
野村
上有知
清水
小原
高遠
青野
関
加々井
甲斐
垂井
苗木
曽根
岐阜
飯田
徳美
多良
徳野
福東
犬山
府中
今尾
伊保
岩村
高須
黒田
松木
挙母
太田山
尾張
谷村
高松
足助
刈谷
本江
三河
重原
駿河
清洲
小島
作手
奥殿
川成島
名古屋
興国寺
新城
半原
緒川
沼津
大浜
井伊谷
遠江
韮山
西尾
掛川
堀江
伊豆
浜松
相良
府中
大垣新田
頭陀寺
田中
久野
横須賀
下田
吉田
岡崎
中島
西大平
田原
形原
深溝
西端

中部

江戸時代までに消えた300藩、明治維新まで残った300藩

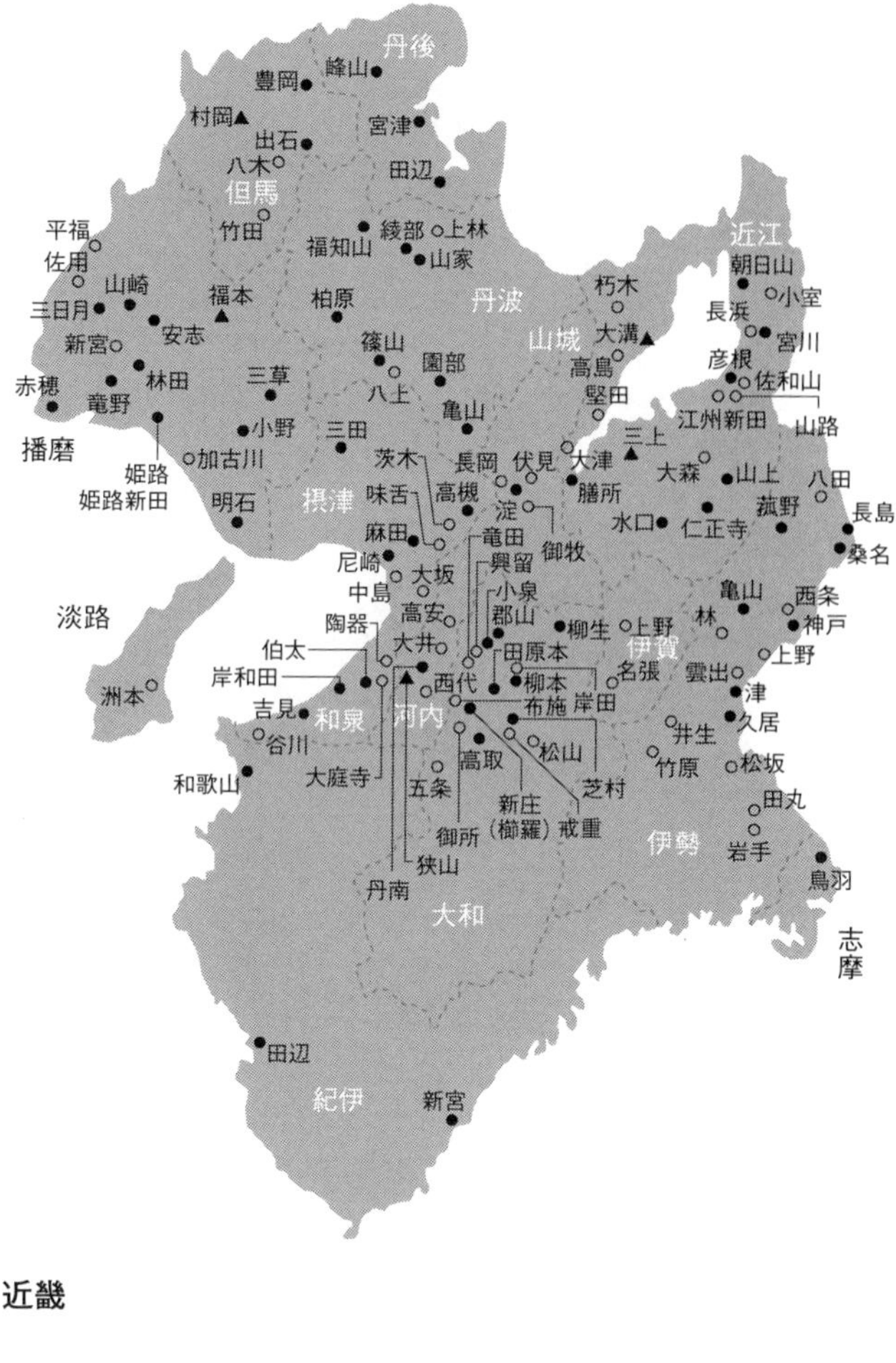

近畿

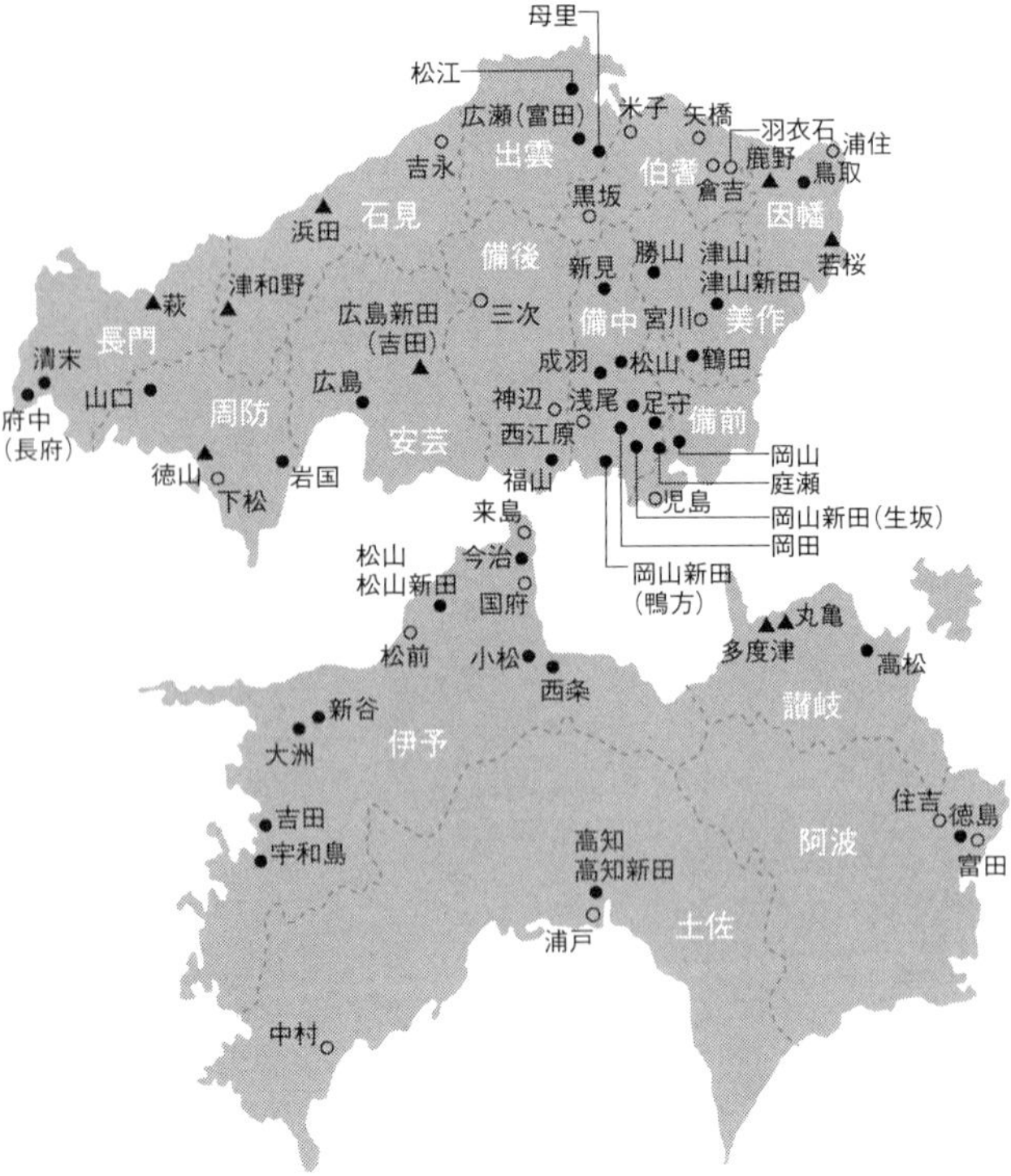
母里
松江
広瀬（富田）
米子
矢橋
羽衣石
浦住
吉永
出雲
伯耆
倉吉
鹿野
鳥取
黒坂
因幡
浜田
石見
備後
若桜
勝山
津山
津山新田
新見
萩
津和野
三次
広島新田
（吉田）
備中
宮川
美作
長門
清末
成羽
松山
鶴田
山口
広島
周防
神辺
浅尾
足守
備前
府中
（長府）
西江原
安芸
岡山
徳山
下松
岩国
福山
庭瀬
児島
岡山新田（生坂）
来島
岡田
松山
松山新田
今治
国府
岡山新田
（鴨方）
丸亀
松前
小松
多度津
高松
西条
讃岐
新谷
大洲
伊予
住吉
徳島
吉田
阿波
宇和島
高知
高知新田
富田
浦戸
土佐
中村

中国・四国

江戸時代までに消えた300藩、明治維新まで残った300藩

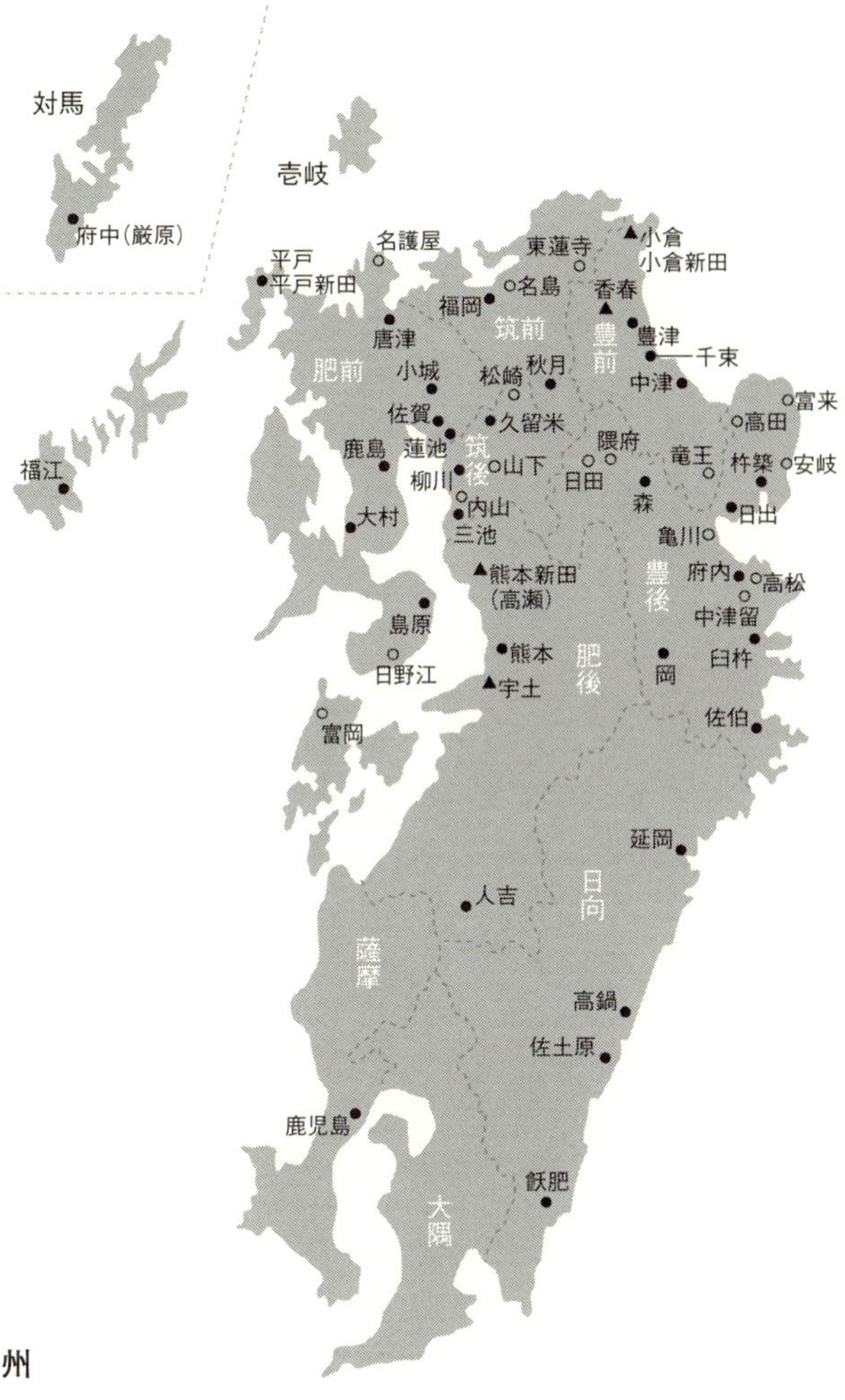

九州

第1章

なぜ、「藩」は複雑な変遷をたどったのか

戦国武将を「石高」で評価するのは大間違い

戦国時代を舞台にした大河ドラマなどで、武田信玄《たけだしんげん》が何百万石の領地を持っていたとか、元服《げんぷく》早々の井伊直政《いいなおまさ》が1万石を拝領したとかいっているのをよく見ますが、当時は石高《こくだか》で領地を測る習慣はありませんでしたから、おかしなことです。

石高制が確立したのは豊臣秀吉が天下を統一して度量衡《どりょうこう》を統一し、太閤検地を全国的に実施してからのことです。

このときは全国で1850万石くらいでしたが、地方によって徹底度に差があったことなどで、関ヶ原の戦いのあと、江戸幕府と大名のあいだで調整して2200万石余ということにしました。

これにもとづいて「表高《おもてだか》」が決まり、大名の領地替えもそれを基準に行われ、幕末までほぼそのまま踏襲されました。

ところが歴史ドラマなどでは江戸時代になってからの石高を戦国時代や豊臣時代の大名の石高と勘違いすることが多いのです。たとえば山内一豊《やまうちかっとよ》が関ヶ原の戦いのあとで7万石から3倍増の20万石に栄進したのは、徳川家康《とくがわいえやす》に自分の城を自由に使うように申し出たことが非常に高く評価されたからだといわれますが、太閤検地では土佐（高知県）一国は9

万8000石でしたから、微増にすぎなかったのです。

土佐に入国した一豊は検地をやり直して20万石を設定したのです。長宗我部《ちょうそかべ》氏時代の検地が甘かったのか、一豊が強欲だったのかはわかりません。

太閤検地によって日本全国でよく似た税制が採用され、軍事的な動員や国家的な事業への拠出が統一的にされるようになって、近代国家への礎ができたのです。

全国の土地と人民は秀吉の直轄地か、武士たちや公家《くげ》、寺社などの領地とされました。

江戸時代になると、その武士たちのうち、1万石以上の禄高《ろくだか》を持つ者を大名と呼び、ほかの直参《じきさん》の小さい禄高の武士と区別して高い自治権を認め、明治になってから「藩」と呼ばれるようになる組織とすることで、全国の4分の3を支配させ、残りのうち半分は直轄地（これも明治になって天領《てんりょう》といわれるようになった）にしました。

ただし、秀吉の蔵入地《くらいりち》（直轄地）とか幕府の直轄地といっても、その統治は大名の預地《あずけち》として支配を任されることもありました。

豊臣秀吉の「移封」命令によって生まれた江戸

1万石というのがどれくらいの土地かということですが、江戸時代の後期では全国の人口が3000万人で石高が3000万石ですから、だいたいひとり1石で計算すればよいわけです。

1万石というのは現在の人口1万人の「町」くらいのものですし、10万石というと小さな県を数個に分けた広さの地域というイメージでよいと思います。

そして大事なことは、全国の土地の値打ちが石高という物差しで測れるようになったため、それをもとに中央政府が大名たちを植木鉢のように、どこにでも移動させられるようになったことです。

それと同等くらい大事だが見落とされがちなのは、各大名が自分の藩内で同じことを家臣に対して行ったことです。

戦国大名にとって、農村に盤踞《ばんきょ》した兼業農家である家臣は、一方的な命令を受ける従業員ではなく、協力者にすぎませんでした。現代の政界でいえば国会議員と地方議員のような協力をお願いする立場で、ギブ・アンド・テイクでした。ですから、情勢不利だと協力を拒否されます。

桶狭間《おけはざま》の戦いのころの今川《いまがわ》氏と織田《おだ》氏の支配地域の石高は、太閤検地のときの数字で、駿河《するが》、遠江《とおとうみ》（ともに静岡県）、三河《みかわ》（愛知県）の合計が70万石で、尾張《おわり》（愛知県）一国が57

万石ですから、それほど大差はありません。今川方3万人に対して織田信長《のぶなが》が４０００人しか動員できなかったとすれば、サボタージュされたのです。

それでも信長が勝てたのは、兼業農家のセミプロ集団ではなく、少数だが自分の思うとおりに動く軍団の形成に、すでにある程度成功していたからです。

その後の信長はそれを徹底しました。あるとき、安土《あづち》（近江八幡市《おうみはちまんし》）の武家屋敷で火事があり、本人は出征中で、家族は尾張に住んでいたことがバレたため、信長は彼らの尾張の屋敷を打ち壊して安土への移住を強制したという逸話があります。

織田軍団や豊臣軍団ではそれが可能でも、地方の戦国大名ではそれができません。部下の支配地がどの程度の石高なのかも自己申告で、それをもとに動員兵力も決めていました。

豊臣秀吉は検地を命令するとか、あるいは中央政府がみずから検地をしてあげることにしました。

島津《しまづ》氏の場合で見ると、島津義弘《よしひろ》は石田三成《いしだみつなり》の協力を得て大々的な検地を行う算段をしました。太閤検地の結果、島津氏は22万5０００石余だったはずが、じつは56万石弱だったことがわかりました。そして、家臣たちはもともとの低い石高に見合う新しい領地に移されました。実質的な賃下げです。

鉄砲の伝来で有名な種子島《たねがしま》氏は知覧《ちらん》（南九州市《みなみきゅうしゅう》）の領主となりました。増加分の多くが島津義久《よしひさ》や義弘の直轄地とされ、秀吉の蔵入地として出水《いずみ》地方5万石が切り離されましたが、島津本家としては十分に引き合う検地の手数料でした。

これは徳川家康についても同様です。小田原《おだわら》城陥落ののち、家康は北条《ほうじょう》氏の旧領に移されました。秀吉は早く大陸に進出したかったため、関東は家康に任せて平穏無事にしておきたかったのです。

家康にとってもこの移封《いふう》は好都合でした。源氏《げんじ》を名乗る家康にとって、先祖の地と自称している上野《こうずけ》（群馬県）や、源頼朝《みなもとのよりとも》が幕府を開いた地の主になるのは、気持ちのうえでそう飛躍があるわけでもありません。何より、多くが土豪出身である家臣をそれぞれの出身地から切り離すことは大歓迎でした。

家臣のほうは骨の髄から三河人で、家康が新田《にった》氏の末流だとにわかに強調し始めたことすら違和感を持っていましたから大反対でしたが、秀吉の命令といわれれば従わざるをえませんでした。

秀吉は関東での家臣たちの石高や配置まで指示しました。譜代《ふだい》筆頭格の酒井《さかい》氏を3万石にし、井伊直政を箕輪《みのわ》（高崎《たかさき》市。のちに高崎）12万石、本多忠勝《ほんだただかつ》を里見《さとみ》氏に備えるために大多喜《おおたき》10万石、榊原康政《さかきばらやすまさ》に館林《たてばやし》10万石などという人事は、秀吉の命令でなければ、家臣たちの猛抵抗にあって不可能です。

江戸を本拠にしろと秀吉からいわれたときには、家康はいやだったでしょう。大河川の河口に近く、良港が得られる地に都市を築くというのは、秀吉オリジナルの発想です。大阪がその典型で、県庁所在地だけを取っても、福岡、大分、広島、松江《まつえ》、松山《まつやま》、高松《たかまつ》、徳島、高知、和歌山、徳島、津《つ》、富山、盛岡《もりおか》（河口ではないが良港あり）などが秀吉やその影響下にある大名たちによって建設されたり、大改修されたりしていて、多くはこのタイプの立地です。

家康の趣味は、むしろやや内陸に入ったところです。もし家康が選択するなら八王子《はちおうじ》、川《かわ》越《ごえ》、古河《こが》、玉縄《たまなわ》（鎌倉《かまくら》市）といったところだったと思います。

低湿地に大土木工事を起こすなどというのは、おおよそ家康の趣味ではありませんから、家康が江戸にいた滞在日数は総計でも5年間だけです。東京の恩人は家康ではなく秀吉であるべきで、都庁か皇居の前に銅像を建てるべきです。

江戸幕府の「天下泰平」志向で藩は強固に

上杉景勝《うえすぎかげかつ》にとっても事情は同じで、秀吉の死の年である1598年に越後《えちご》（新潟県）一国を返上して佐渡《さど》（新潟県）と出羽《でわ》（秋田県、山形県）の庄内《しょうない》地方を維持し、新たにほぼ福島県全域と米沢《よねざわ》など出羽の置賜《おきたま》地方をもらいましたが、このときに秀吉は、武士は全員連れて行くこと、農民は誰も連れて行ってはならないという命令を与えています。

これは直江兼続《なおえかねつぐ》が領内の統制をやりやすくするために石田三成に頼んで出してもらった命令でしょう。

全国の大名を鉢植えの植物のように全国どこにでも移す、そして大名領国でも家臣たちを兵農分離して兼業農家から社宅住まいのサラリーマンにするという改革は猛反発を招きました。

秀吉の死後になると、これをもとに戻したいという圧力が強まりました。そこに海外への事業展開なんていやだという声も高まりました。そういう意見をほどほどに取り入れたのが徳川家康です。

大名の中央統制をゆるくして細かいことまで口を出さないことにする。苦戦している海外事業（大陸遠征）からは撤退する。秀吉は商工業を重視しましたが、農業を雇用と税収の基盤としてより重視することで支持を集めたのです。

しかし、もとに戻ったわけではないことも大事なことです。それは各大名家の内部でもそうです。

島津家では豊臣政権と親密な義弘と、距離を置く義久の対立がありました。義久に子どもがなかったことから、義弘の嫡男久保《ひさやす》が義久の娘亀寿《かめじゅ》の婿となって継ぐことになっていましたが、文禄《ぶんろく》・慶長《けいちょう》の役《えき》のときに巨済島《コシェド》で陣没し、弟の忠恒《ただつね》が兄の未亡人亀寿と結婚して跡取りとなりました。

久保は少年時代から秀吉のもとで鍛えられ、誰しもが認める優秀な若武者だったのに対して、忠恒は蹴鞠《けまり》に熱中するわがまま坊やでした。この忠恒がなかなかの食わせ者で、義父の義久、実父の義弘を手玉に取るほどの政治性を発揮しました。

朝鮮から帰った忠恒がまずやったことは、一貫して豊臣政権との交渉を担当し、島津家中の不満分子から恨まれていた家老の伊集院忠棟《いじゅういんただむね》を伏見《ふしみ》（京都市伏見区）の屋敷で謀殺し、忠棟の遺族が現在の都城《みやこのじょう》市で起こした「庄内の乱《しょうないのらん》」を残虐に鎮圧しましたが、これを擁護したのが徳川家康でした。

家康自身も、この時点では天下を狙うよりは、自領の独立性を高めるために中央集権体制を弱体化したがっていましたから、この忠恒の動きを歓迎したのです。

保守派の支持を受けた兄義久の差配で多くの有力家臣が父祖の地を回復しましたが、もとに戻ったわけではなく、藩主の地位強化という財産は残ったのです。

豊臣秀吉と徳川家康の関係は、秦《しん》の始皇帝《しこうてい》と漢《かん》の高祖劉邦《こうそりゅうほう》の関係に似ています。始皇帝が郡県制《ぐんけんせい》を敷いて徹底した中央集権を目指したのに対して、郡国制《ぐんこくせい》というしくみで重要地域は郡県制とし、辺境地域は一族や功臣たちに与え、封建制《ほうけんせい》を少し復活させたり、領土拡大路線の小休止という現実的な対応をしたりしたのが劉邦です。また、始皇帝が保守反動の哲学だとして排除した儒家《じゅか》を体制維持に有用として利用することにしました。

漢帝国の歴史と徳川体制のそれとの違いは何かといえば、劉邦の子孫たちは6代武帝《ぶてい》を典型として封建諸侯を排除し、西域《さいいき》や朝鮮半島やベトナムなどを領土化するなど積極的な中央集権の再強化と海外への拡大路線を展開しましたが、江戸幕府の場合はすべてにわたって反動路線をどんどん強化して突っ走ったことです。

大名の取りつぶしや移封は2代将軍秀忠《ひでただ》の代でだいたい終わりにして、3代将軍家光《いえみつ》や4代将軍家綱《いえつな》のころは控えめ、5代将軍綱吉《つなよし》のときは派手な取りつぶしはありましたが、これは綱吉の個人的な趣味に合うかどうかで、戦略的なものではありませんでしたし、8代将軍吉宗《よしむね》のときからはほとんど大名の移動もなくなりました。

その代わりに、大名たちには財政的な拠出をささやかに増加させるという現実路線でした。この路線がその後の江戸幕府の統治方針になりました。

家康は李氏《りし》朝鮮から朱子学《しゅしがく》を導入し、それを国教化しましたが、その功罪はマイナスのほうが多かったのです。

こうした統治方針は天下泰平をもたらしましたが、ヨーロッパの国が絶対王制を強化し、次いでフランス革命で封建制を覆し、対外進出を活発化させ、商工業を発展させたのとは正反対の動きになりました。

その格差の矛盾が噴き出したのが、黒船《くろふね》来航をきっかけにした幕末維新の動乱なのですが、それについては本書のテーマではないため問題提起にとどめ、ここでは関ヶ原の戦いの前後における大名配置とその哲学を観察することにしましょう。

織田信長と豊臣秀吉の大名配置戦略

織田信長は兵農分離を進め、そこでプロの軍人や官僚を育てて天下布武《てんかふぶ》を推進しました。

ただ、信長の場合は美濃《みの》（岐阜県）、尾張、近江《おうみ》（滋賀県）を根拠地として各方面にわたって勢力拡大を図りましたから、軍団を各方面の司令官に分けて管理する必要がありました。

本能寺《ほんのうじ》の変《へん》の時点でいえば、丹波《たんば》（京都府、兵庫県）の明智光秀《あけちみつひで》、中国の羽柴秀吉《はしばひでよし》、北陸の柴田勝家《しばたかついえ》、関東の滝川一益《たきがわいちます》、四国の丹羽長秀《にわながひで》がそれらの軍団の司令官でした。大名たちは与力《よりき》というかたちで彼らの命令下に入っていました。細川幽斎《ほそかわゆうさい》が明智光秀に、とか、前田利家《まえだとしいえ》が柴田勝家に、といった具合です。

丹後《たんご》（京都府）を細川幽斎に任せたといっても、守護《しゅご》だった一色義有《いっしきよしあり》は北部の3郡を安堵《あんど》されていました。このように、指揮命令関係や上下関係は曖昧なものでした。また、前線に家族を連れて行けませんから、光秀は坂本城《さかもと》（大津市《おおつ》）、秀吉は長浜城《ながはま》、勝家は北ノ庄《きたのしょう》城（福井市）、一益は伊勢長島城《いせながしま》（桑名市《くわな》）に家族を置いていたようです。

武田氏を滅ぼしたときは、駿河を徳川家康に、武田一族だが勝頼《かつより》に反旗を翻して信長の介入のきっかけを与えた木曽義昌《きそよしまさ》に信濃《しなの》（長野県）の筑摩郡《ちくま》と安曇郡《あづみ》、守護だった斯波《しば》一族の毛利秀頼《もうりひでより》に伊那郡《いな》、森長可《もりながよし》に北信濃4郡、滝川一益に小県郡《ちいさがた》、佐久郡《さく》と上野の西半分、河尻秀隆《かわじりひでたか》には甲斐《かい》（山梨県）3郡に加えて信濃の諏訪郡《すわ》、家康に帰順した穴山梅雪《あなやまばいせつ》には甲斐の巨摩郡《こま》が与えられました。こうなると、かなり大名領国らしくなってきています。

本能寺の変の原因はいろいろいわれます。明智光秀に近江と丹波に代えて出雲《いずも》と石見《いわみ》（ともに島根県）への移封を命じられたからだという説がありますが、ありそうなことです。武田勝頼を天目山《てんもくざん》（甲州市《こうしゅう》）で滅ぼしたことで天下統一にめどが立ち、「方面司令官」から統治者としての大名に移行させる過程で本能寺の変が起きたということだと思います。与力大名といったものも解消し、ひとりの大名が百万石を超えるような領地を持つことは避けたと思います。

羽柴秀吉が毛利軍を自分で滅ぼすことを避けて応援を求めたのも、突出することを避けたのでしょう。関東制圧でも滝川一益を司令官に位置づけたのは徳川家康に主導権を取らせないためだったでしょう。関東を手に入れても、協力した家康には1カ国くらいしか渡さなかったのではないでしょうか。

九州では大友宗麟《おおともそうりん》を協力者と位置づけ、毛利制圧に成功したら周防《すおう》と長門《ながと》（ともに山口県）を与えるとしていました。宗麟は大内《おおうち》氏の血を引いており、大内氏の家督継承者を名乗っていました。

本能寺の変がなかったら、島津氏が北九州進出に乗り出す前に信長の勢力は九州に伸びていたでしょうから、宗麟の主導権は維持されたように見えますし、キリスト教にとっても別の展開があったでしょう。

四国では、はじめは明智光秀を窓口として長宗我部氏を支援していましたが、途中で三《み》好《よし》氏との同盟に切り替えました。これが本能寺の変の主因ではないでしょうが、一因ではあったことはたしかです。

北陸では上杉景勝と最終決戦が近づいていました。そのことは北条氏との悪くない関係を意味していました。これには織田氏と北条氏がいずれも平氏《へいし》である親近感もあったはずです。

九州を制圧したら、海外進出を、どういうかたちかはともかくも、それを実行に移したはずです。

「織田株式会社のサラリーマン社長」としての秀吉

信長、秀吉、家康の関係は、秀吉は織田株式会社のサラリーマン専務から、信長会長と信忠《のぶただ》社長が同時に死んだことからサラリーマン社長になった立場です。それに対して、家康は経営統合した別会社のオーナーです。

本能寺の変のあとの織田家の家督継承者は三法師丸《さんぼうしまる》（のちの秀信《ひでのぶ》）ですが、幼児でした。筆頭専務だった柴田勝家は子どものなかで即戦力だった信孝《のぶたか》を社長にと思ったのですが、信長が信忠、信雄《のぶかつ》、弟の信包《のぶかね》に次ぐ第4位の序列しか与えていなかった信孝を後継社長にというのは無理がありました。

そこで信雄と秀吉が協力して信孝と勝家を排除したのが賤ヶ岳《しずがたけ》の戦いです。信孝を殺したのは秀吉ではありません。信雄です。しかし、ここで信雄と秀吉の思惑がずれます。信雄は社長にするにはあまりにも出来が悪かったからです。

秀吉は自分が社長になって、信雄を名誉会長のようなポジションでどうかと考えたのですが、信雄は自分が社長で、秀吉は副社長という考えでした。

信雄は秀吉との会談場所である大津の三井寺《みいでら》（園城寺《おんじょうじ》）から家来《けらい》たちを置き去りにして逃げ出したり、秀吉と連絡を取っているとして3人の家老を殺したりして、家康と組んで秀吉と戦うことにしました。

なぜ、家康が秀吉と戦ったのかというと、本能寺の変のあとに横領した信濃と甲斐を返したくなかったからです。家康は本能寺の変のあとのどさくさで信濃と甲斐を占領し、上野を北条氏に譲って手を組みました。織田家側としては返還を要求するのが当然です。とくに北信濃の領主だったのに追い出された森長可などは強硬派でした。

そこで織田家のなかで浮いてしまった信雄と、信濃と甲斐を返したくない家康が組んだわけで、これが小牧《こまき》・長久手《ながくて》の戦いです。

局地戦では家康・信雄方が勝ったのですが、膠着《こうちゃく》状態になると、秀吉は紀伊《きい》（和歌山県）を攻めたり、家康重臣の石川数正《いしかわかずまさ》や信濃の小笠原《おがさわら》氏や真田《さなだ》氏を寝返らせ、信雄の領地の半分を占領したままにしたりしたため、信雄が経済的に音を上げて秀吉と和解しました。秀吉が会長・社長兼務、信雄は副会長というかたちで妥協が成立し、その証《あか》しが、信雄を大納言《だいなごん》、次いで内大臣《ないだいじん》にして政権ナンバー2として遇することでした。

秀吉は関白太政大臣《かんぱくだいじょうだいじん》になりました。本当は、秀吉は将軍になりたくて足利《あしかが》15代将軍義昭《よしあき》の猶子《ゆうし》にしてもらおうとしましたが、拒否されたため関白になったという人もいますが、それは正しくありません。

朝廷は信長に将軍になることをすすめているくらいですから、義昭の同意があることも、源氏であることも、将軍になるための条件ではありませんでした。

将軍になるより関白のほうが簡単だというはずもありません。格式において関白のほうが将軍よりはるかに上だし、朝廷の権威も利用しやすいため、出自が定かではない秀吉にとっては、そうしたかたちで権威を確立することが得策でした。ナポレオン・ボナパルトがローマ法王の手を借りて、国王ではなく格上の皇帝になったのと同じです。

一方、秀吉は毛利氏や上杉氏と手を組みました。本能寺の変の直前にはこの両者は信長に対抗していたのですが、毛利氏とは高松城《たかまつ》（高梁市《たかはし》）攻めをやめるときに備中《びっちゅう》（岡山県）半国と伯耆《ほうき》（鳥取県）までということで話がつきました。

上杉氏とは柴田勝家を挟撃することで利害が一致しました。上杉氏との友好関係は関東に野心を持つ上杉氏の敵である北条氏との関係を悪化させせました。

「取りつぶし」という大名マネジメントの始まり

家康と秀吉の対立の根本原因は、旧武田領で織田家が取った信濃と甲斐を家康が、上野を北条氏が山分けしたことにあると思うと書きました。

織田軍団のサラリーマン社長になった秀吉は黙って引き下がれません。家康も一度得たものを手放すような人ではありませんが、すでに書いたように、状況は秀吉に有利に展開していました。

困ったことに、島津氏が大友氏を蹴散らして九州全土を統一する直前まで勢力を伸ばしました。これは世界への窓口になる九州に独立王国ができることになりますから、秀吉は容認できませんでした。

秀吉は妹の朝日姫《あさひひめ》（旭姫）を家康の正室に出し、見舞いを口実に母親の大政所《おおまんどころ》を人質に出してまで家康の上洛《じょうらく》を願い、信雄に次ぐ政権ナンバー3とすることで手を打ちました。官位でいうと、ナンバー4は秀吉の弟大和《やまと》大納言秀長《ひでなが》でした。そのうえで、島津氏を討って南九州に閉じ込めました。

北条氏とはいったん真田領のうち沼田《ぬまた》を北条氏に渡すことで和睦しましたが、真田領とされた名胡桃《なぐるみ》（みなかみ町）を北条が攻め取ったことを口実に小田原征伐をして天下統一を完成しました。上杉氏や佐竹《さたけ》氏など関東でのアンチ北条勢力や、東北の多くの大名の帰順を受けてのことでした。

四国攻め、九州攻め、小田原落城のあと、秀吉は各地の大名を、早くご機嫌伺いに来たり、援兵を出したりしたかどうかで選別し、改易（取りつぶし）したり、減封《げんぽう》したりして、だいたい土地の半分くらいは残し、残りは麾下《きか》の大名の領地に組み入れています。

ように、讃岐《さぬき》（香川県）の十河《そごう》氏、豊前《ぶぜん》（福岡県、大分県）や下野《しもつけ》（栃木県）の宇都宮《うつのみや》氏などのように、せっかく生き残ったのに、秀吉が派遣した武将と衝突して、のちに取りつぶされた大名もいます。

小田原攻略のあと、家康に北条氏の旧領を与えたのはすでに書いたとおりで、その範囲はおおよそ相模《さがみ》（神奈川県）、伊豆《いず》（静岡県）、武蔵《むさし》（東京都、埼玉県、神奈川県）、下総《しもうさ》（茨城県、千葉県）、上総《かずさ》（千葉県）でした。

東北では伊達政宗《だてまさむね》が大崎《おおさき》地方に移されて生き延びましたが、会津や米沢は蒲生氏郷《がもううじさと》に与えられ、厳しい監視を受けることになりました。

織田信雄は尾張と伊勢《いせ》（三重県）を取り上げられ、代わりに家康の旧領に行くようにいわれましたが、いやがったため追放されました。この結果、信雄の旧領は近江八幡山《はちまんやま》（近江八幡市）から移った三好信吉《のぶよし》（のちの豊臣秀次《ひでつぐ》）に与えられ、家康の旧領は織田・豊臣系の中大名に分け与えられました。

正統性維持のため「織田家の血」を欲した秀吉

織田株式会社のサラリーマンでしかない秀吉にとって、織田旧臣から簒奪者《さんだつしゃ》といわれない工夫《くふう》をする必要があったことがありました。子がなかった秀吉は信長4男の於次丸秀勝《おつぎまるひでかつ》を養子にもらい受け、それを後継者と位置づけることで「大政奉還」の意思を示していました。

秀勝が死んで後継者が不明の時期があったのですが、この時期に織田家の血を引く茶々《ちゃちゃ》

（淀殿《よどどの》）を側室に迎えて鶴松《つるまつ》を得ました。このことで信雄に対する遠慮がいらないということになったのだと思います。

天下統一のあと、弟の秀長、妹で家康夫人となっていた朝日姫に続いて鶴松も早世したため、やむをえず甥《おい》の秀次を関白にしますが、織田家への配慮としては、三法師丸秀信が成人したため、これに岐阜城を与え、将来は朝鮮の関白にしようかなどと、織田家の当主として遇する方向性を出しました。

しかし、織田家の血を引く秀頼《ひでより》が生まれたため、これを織田旧臣の前田利家と徳川家康を後見人にして守らせることにします。

秀次は織田家の血を引く秀頼に対抗できるわけがないのに、秀吉が死んでしまえば好きなようにできるとばかりに、秀頼を自分の継承者にしたいと速やかに申し出なかったために失脚したのは自業自得です。

秀次が切腹までしなくてはならなかったのには、秀長や朝日姫に次いで、秀吉の母大政所、秀次の弟の秀保《ひでやす》や秀勝が死んで、秀次の母や秀次自身と秀吉のコミュニケーションが取りにくくなっていたからだと思います。本来は秀次の両親も含めてファミリー全体で話し合いをすべきだったことです。とくにゴッドマザー大政所の死が痛かったと思います。

天下統一から関ヶ原の戦いのあいだ、信雄や秀次だけではなく、多くの大名が改易されています。

讃岐国主《こくしゅ》を務めた仙石秀久《せんごくひでひさ》や、その後任だった尾藤知宣《びとうとものぶ》は、いずれも九州攻めの際のミスで追放されました。肥後《ひご》（熊本県）の佐々成政《さっさなりまさ》は無理な検地をして国衆《くにしゅう》（土着の武士や有力農民）の反乱を誘発したということで切腹させられました。

大友宗麟の子の義統《よしむね》は文禄・慶長の役で友軍を助けずに平壌《ピョンヤン》から勝手に退却し、臆病だということで改易されました。

父親の死後に跡を継いだ息子が家内を統率できず、内紛になっているようなときには大幅に減封されています。会津の蒲生秀行《ひでゆき》が宇都宮にとか、丹羽長重《ながしげ》が北ノ庄から小浜《おばま》にといったケースです。

丹羽長重の場合は、長束正家《なつかまさいえ》や溝口正勝《みぞぐちまさかつ》など家臣たちはそれぞれ実力相応の待遇を得ていますし、長重自身も失敗を繰り返して松任《まっとう》4万石まで下げられたのちに、実績を積んで、再び小松《こまつ》12万石にと再上昇し始めていました。

秀吉の場合には、このように上げたり下げたりという人事を好みました。わりに簡単に追放するのですが、しばらくおとなしく謹慎して、反省が十分だとか、成長したと見たら復活させています。

信雄も隠居領を5万石ももらって御伽衆《おとぎしゅう》（相談役）として復帰しています。大名ではありませんが、足利義昭も京都に迎えられて「公方《くぼう》さま」として准后《じゅごう》扱い（太皇太后《たいこうたいごう》、皇太后、皇后と同じ待遇）とされ、いずれも席次などではかつての地位に見合った扱いでした。領地と家臣を失っても生活と体面が維持できれば、こういうバカ殿にはかえってよかったのかもしれません。

第2章
「関ヶ原の戦い」の怨念で消えた藩

「徳川家康&前田利家」の相互牽制を狙っていた秀吉

関ヶ原の戦いの原因と東軍の勝利の大きな流れを考察すると、こんなところだと思います。秀吉は自分の死後の秩序維持を徳川家康と前田利家の2人に託し、実務は石田三成が差配することを命じました。この組み合わせは家康と利家のどちらも健在であるかぎりはうまく機能しそうでしたが、どちらかが先に死んだら、残った者の天下になる可能性を内蔵していました。

利家が1年後に死んだうえに、加藤清正《かとうきよまさ》ら豊臣恩顧《おんこ》の諸将のうち武功派の者たちが三成の排除を要求してそれを実現しました。利家の子の利長《としなが》がうかつにも利家の葬儀のために家族を残して加賀《かが》(石川県)に一時帰国するという致命的な誤りを犯したことから、反逆と疑われて母まつを人質に取られ、家康と対等の立場を失ったのです。

この状況に危機感を募らせた、戦力においてナンバー2の毛利軍団と、ナンバー3の上杉軍団が三成と組んで反徳川で立ち上がったのですが、遠隔地ゆえの連絡の悪さと、2・3位連合特有の相手頼みの消極性で、数の優位を発揮できなかったのです。

三成も手堅すぎ、横綱相撲をしようとして失敗したというのが基本構図だと思います。

秀次事件のあと、秀吉は家康と利家に秀頼の将来を託しました。このとき、秀吉が家康をもっぱら警戒していたとはいえません。むしろ家康と利家のバランスを取り、互いを牽《けん》制《せい》させるようにしたといってもよいのです。

秀吉が家康だけを警戒していたのなら、いくらでも打つ手はありました。秀吉は池田輝《いけだてる》政《まさ》や蒲生秀行と家康の娘を結婚させるなど、家康の縁者と豊臣系大名の縁組を進めました。家康をもっぱら警戒していたのならバカげた話です。

慎重な家康は自分の立場が非常に危険なものだと感じていました。秀吉が死んで、利家が大坂《おおざか》城で秀頼を後見し、嫡男の利長は織田信長の娘婿です。淀殿は織田家の血を引くし、北政所《きたのまんどころ》は利家夫人まつの親友です。

三成など奉行たちとも利家のほうが親しい存在でした。蜂須賀家政《はちすかいえまさ》や伊達政宗と無断で婚姻関係を結ぼうとしたというのも、むしろ追い込まれた家康の焦りがなせる業だったと見るべきです。

事態は利家が圧倒的に有利な状況で事態は展開していましたが、利家が先に死んでしまいました。利長は秀忠などよりよほど優秀でしたし、経験豊富で顔も広かったため、2代目同士の争いになれば、圧倒的に優位でした。

しかし、利家が死ぬと、すぐに清正らが三成を誅《ちゅう》するとして騒ぎを起こしました。清正らは朝鮮での軍事行動について、三成に近い監察官らによってなされた評価が不満だとして、かねて訴えていたのです。蔚山《ウルサン》城包囲戦のあとに敗北して撤退する敵軍を追撃しなかったことなどを非難されたのですが、軍監たちの指摘は軍事的には正当だったとはいえ、苦しい戦いをしてきた清正らに同情が集まるのも理解できるところでした。

評価を見直すことを要求するのは当然の権利なのですが、政権の要である三成を襲撃するというのは、秀吉の遺した体制へのクーデターにほかなりませんでした。

三成は大坂から伏見に逃げました。このとき、家康は大老《たいろう》としての責任において、清正らの反乱軍を討つべき立場なのに、逆に被害者の三成を蟄居《ちっきょ》させたわけです。

そして、秀吉の軍監として朝鮮遠征軍の武将たちに不利な報告をしたことを理由に福原《ふくはら》直高《なおたか》、熊谷直盛《くまがいなおもり》、垣見一直《かきみかずなお》という豊後《ぶんご》（大分県）に領地を持つ3人が処分されています。

利家の後任として秀頼のお守《も》り役となった利長は、少なくとも3年は大坂を離れるなという利家の遺言にもかかわらず、加賀に一時帰国してしまいました。家康はこの機を見逃さず、利長に謀反《むほん》の疑いありとして動きを封じ、母親のまつを江戸に送らせたのです。

秀吉は家康と利家でバランスを取るなら、どちらかが欠ければ、もう片方も代替わりさせ、利長・秀忠体制で天下を治めようとでも決めておくべきだったと思います。

西軍が陥った「2・3位連合」のもろさ

会津の上杉景勝は越後から移ったばかりだったため、領国支配の体制づくりに迫られて帰国せざるをえなかったのですが、家康は帰国した景勝が増員や城の強化をしているとして会津征伐に向かいました。

勝手に軍備増強をするのはよくないのですが、会津移封にともなって当然に行わざるをえないことで、グレーゾーンだったのを家康は衝《つ》いたのです。朝鮮再征の相談をしたいので伏見に出てこいというのも口実に使われました。

家康にとっては関東を確保するという防衛的な観点から、関東管領《かんれい》の家柄である上杉氏を恐れたのです。

なぜ、上杉が家康側に挑戦的な直江状《なおえじょう》を出すなどしたのかといえば、「追いつめられて虚勢を張った」「越後を回復しようとした」「謙信《けんしん》公以来の関東への夢を現実にしようという野心を持った」などいろいろ考えられますが、「攻撃こそ最良の防御」というような気持ちがあったのだと思います。

ところが家康が本当に会津攻めに出たため、直江兼続が三成らに書状など送って決起を促す工作をしました。それなら、なぜ家康が三成挙兵を聞いて下野小山《おやま》から引き揚げたときに追撃しなかったかといえば、畿内での東西両軍の決戦は1日では決着がつかないと大方から予想されているなかで、西軍の勝利を確信した兼続は無理をせずに戦局を有利にしておけば堀《ほり》氏、伊達氏、最上《もがみ》氏など労せずして降《くだ》せる、あるいは投降してくることを目論《もくろ》んだのだと思います。

実際、越後の堀氏は上杉が越後での一揆《いっき》を煽《あお》っただけでおとなしくなったし、最上氏は曖昧な態度を取ったため、軽く叩《たた》いたところ、ひたすら守りに入り、最上救援に派兵した伊達氏も傍観するだけだったのです。

西軍が勝ったり、膠着状態になったりすれば、一気に関東に攻め込むこともできたでしょうし、そのときは伊達氏も最上氏も上杉氏に従ったのではないかと思います。上杉氏にしても、関東が手に入るなら、最上氏に庄内を、伊達氏に陸奥《むつ》の伊達《だて》郡、信夫《しのぶ》郡と米沢をくれてやるくらいは痛くもかゆくもないところです。

しかし、予想に反して西軍の惨敗になったため、上杉軍団は本格的な戦闘もしないまま、冴《さ》えないかたちで退却し、関東管領の面目をかなぐり捨て、お家存続を図ったと見るべきです。

毛利氏は前田氏や上杉氏に対する家康の姿勢を見れば、いずれ自分のところも同じ目に遭うと考えたのでしょう。このとき、毛利氏は一門を糾合すれば家康とそれほど差がない200万石ほどありました。そして上杉氏がナンバー3でした。つまり西軍は2・3位連合だったのですが、毛利氏も上杉氏もパートナー頼みでした。上杉氏が追撃しなかったのは、毛利氏が家康に勝つ、少なくとも五分の勝負をしてからにしたほうが有利だとずるい判断をしたからですし、毛利氏のほうも総大将の輝元《てるもと》が関ヶ原の戦いに出撃しなかったのです。

西軍は総大将抜きで相手の総大将の軍と戦い、負けたとたんに総大将は領地を安堵するという甘いウソに騙《だま》され、戦わずに大坂城を明け渡して逃げ帰りました。毛利の場合には秀吉の死の前年に小早川隆景《こばやかわたかかげ》が死んでいます。五大老《ごたいろう》というのは、もともと上杉景勝ではなく隆景が入っていました。

宇喜多秀家《うきたひでいえ》の岳父は前田利家ですから、この2人はワンセット。頼りない毛利輝元には隆景がついているのですから、家康も勝手なことはできなかったのですが、隆景と利家が死んだため、家康の横暴を抑えられなくなったのです。

小早川氏は隆景の死で、毛利系の家臣は毛利氏に帰参する者が多く、秀秋《ひであき》の家臣は信長の子だった於次丸秀勝、秀次の弟だった小吉《こきち》秀勝という、ともに丹波亀山《かめやま》（亀岡《かめおか》市）城主だった同名の2人の家臣から引き継いだ人たちが軸になっており、小早川軍団は毛利軍団の一員ではなくなってしまっていました。

毛利家では長く輝元に子がなかったため、従兄弟《いとこ》の秀元《ひでもと》を養子にしていたのですが、秀《ひで》就《なり》という実子が生まれたため、秀元を廃嫡しました。秀元をどう処遇するかの調整が続き、山口を本拠とする独立の諸侯とすることで話がつこうとしていたところに関ヶ原の戦いになったため、反秀元派の吉川広家《きっかわひろいえ》らが、タカ派の秀元や、それに同調する輝元の意向に反して家康と内通したわけです。

小早川秀秋は家康に籠絡されていた稲葉正成《いなばまさなり》（春日局《かすがのつぼね》の夫）にそそのかされて戦場で裏切るという愚挙をしました。裏切りは戦国ではめずらしくありませんが、秀秋の行動はさすがに不評で、秀秋自身はあざけりの声に耐えられず、悶死《もんし》することになりました。

「北政所＝東軍」「淀殿＝西軍」のウソ

東西両軍のどちらにつくかは人間関係も影響しますが、最も大きな要素は開戦したときにどちらが強い地域にいたかということです。これは戊辰《ぼしん》戦争のときも同じで、まわりが旧幕府陣営に囲まれているのに官軍についたりすると、官軍がやってくる前に落城の憂き目にあっています。

織田氏の天童《てんどう》藩など、東北ではめずらしく京都の事情に通じていて官軍についたのですが、庄内藩に惨敗して城下は焼かれ、家老は切腹しました。今度は旧幕府軍に与《くみ》したのですが、また負けてしまいました。

会津攻めに参加していた諸将にとっては東軍に味方するしかなかったのです。逆に、畿内の諸将については西軍につかないと危険でした。

徳島の蜂須賀家政は嗣子の至鎮《よししげ》を会津攻めに同行させていましたから、家政自身は領地を返上して高野山《こうやさん》（和歌山県）に逃げ込み、家臣の一部を西軍につけるというややこしい対処をしました。

北政所が東軍で、淀殿が西軍と見るのは根拠がありません。女性たちはわが身がかわいいし、一《いち》か八《ばち》かの勝負など好みません。家康がどんどん増長してくるのはいやでしょうが、誰であれ、家康排除の兵を挙げたいと相談しても、北政所も淀殿も止めたでしょう。

しかし、兵を挙げたら、消極的にせよ迎合するしかありません。淀殿は家康が会津征伐に出かけるときは軍資金を与えたのに、三成が挙兵したときは与えませんでしたし、秀頼を出陣させませんでしたが、消極的な指示は与えたのでしょう。

北政所は甥の木下勝俊《きのしたかつとし》を東軍の伏見城から退去させ、東軍に寝返った大津城開城の斡旋《あっせん》をしているのですから、かたちのうえでは西軍寄りです。淀殿の妹を妻とする京極高次《きょうごくたかつぐ》は家康が西上してくるのを見てから西軍から東軍に鞍替《くらが》えしました。

女性たちは、どちらに転んでも大丈夫なように、周囲の大勢に従いながら保険もかけていたのです。どちらかといえば、淀殿のほうが、妹の江《ごう》が秀忠夫人なので、相対的には徳川家との対決をいやがったように見えます。三成に近い人が北政所の周辺には多かったし、宇喜多秀家の夫人は秀吉と北政所が実の娘のようにかわいがっていた豪姫《ごうひめ》であるため、北政所は西軍シンパだったと私は見ます。

豊臣家臣団を尾張衆と近江衆に区別し、北政所を尾張衆寄り、淀殿を近江衆寄りというのも間違いで、近江衆はほとんど長浜城で北政所に育てられたようなものだし、逆に淀殿は織田家の血を引いています。

三成については、奉行の地位から下ろされてしまい、自分がつぶされてしまえば家康を向こうに戦える戦略を展開できる人物はいないという自負があったと思います。よくやったという意見と、能吏であっても大将の器ではなかったという見方があります。

三成はよく働いて五分の戦いを演出しましたが、根本的な問題があったと私は思います。

それは信長が天下人《てんかびと》となったあとで秀吉に仕えた三成は慎重に「横綱相撲」をする信長や秀吉しか知らず、何度も自分より強い相手と勝負した家康との違いは決定的で、慎重すぎて、何度も勝利のチャンスを逃したように見えます。

豊臣家を追いつめた家康の大名配置

戦いのあとの大名の扱いと配置は章末の図表1をごらんいただきたいと思います。ただ、大きな枠組みとしては、家康とその譜代の諸将は武蔵、相模、伊豆、上総、下総、上野の旧領に加え、駿河、遠江、三河、信濃、甲斐というかつての本領、それに尾張、美濃、近江、常陸《ひたち》（茨城県）、伊勢桑名、下野宇都宮、陸奥平《たいら》（いわき市）を手に入れています。家康の領国がそのように拡大したと見るべきです。

家康次男の結城秀康《ゆうきひでやす》については、もともと秀吉から封じられた独立大名で、関ヶ原の戦いの前も後も秀頼の家臣であったと見るべきです。

逆にいうと、西日本および北陸と東北は織田・豊臣系や土着の大名に残されました。それまで日本の7分の1ほどだった徳川領が3割ほどになったといえます。

この大名配置で、家康は福島正則《ふくしままさのり》を清洲《きよす》（清須《きよす》市）から広島に移したのですが、これは重要です。清洲城は東海地方の要で、正則はこの城を守るという重責を秀吉から任されたのに、石高に目がくらんで役目を放棄してしまいました。正則が受けるかどうか家康が心配したといわれるのは当然ですが、正則はバカなことをしたものです。

「徳川領国」の防衛ラインは再建された伏見城、本多忠政《ただまさ》の桑名城、戸田一西《とだかずあき》の大津城（関ヶ原の戦いの翌年に膳所《ぜぜ》城に移転）、井伊直政の佐和山《さわやま》城（彦根《ひこね》市）となり、自領を通って京都に到達することが可能になりました。

親藩・譜代の論功行賞を見ると、一律に加増《かぞう》されているわけではありません。何より子どもたちに手厚く配分しています。関ヶ原の戦いで岳父の井伊直政とともに先陣を切った4男松平忠吉《ただよし》に尾張を与えていますし、5男武田信吉《のぶよし》も4万石から15万石に加増しました。豊臣大名という立場ですが、次男結城秀康の越前《えちぜん》（福井県）68万石も破格です。

譜代では、井伊直政のように関ヶ原の戦いで活躍したり、鳥居元忠《とりいもとただ》のように伏見城で玉砕したりした武将には報いています。それに対して、秀忠と一緒に上田《うえだ》城で真田昌幸《まさゆき》に足止めされた武将は、榊原康政が館林10万石のままなど冷遇されています。

豊臣譜代というべき大名で、東軍について実際に戦ったらだいたい倍増でした。会津攻めに同行した諸将を説得したのは黒田長政《くろだながまさ》で、そのターゲットとなったのが福島正則です。

秀吉の親族で第2世代諸将の筆頭格である正則が東軍についたことで、流れは決まりました。この2人については、石高だけではなく、要地を与えられたことに着目すべきです。

本戦でそれほど活躍したわけではない細川忠興《ただおき》ですが、妻のガラシャを犠牲にした慰謝料込みの待遇でしょう。

山内一豊が居城の掛川城《かけがわ》を明け渡して徳川家に自由に使わせて禄高3倍になったということが事実誤認であるというのは、すでに紹介したとおりです。

池田輝政が三河吉田《よしだ》（豊橋市《とよはし》）15万石から姫路《ひめじ》52万石とか、蒲生秀行が宇都宮18万石から会津60万石への復帰を認められたのは、家康の娘婿ならではです。

西軍についたのに生き残った大名

西軍についた諸将は原則として改易されましたが、減封や現状維持ですんだ大名もありました。彼らにはそれぞれ理由がありました。

関ヶ原の戦いで、毛利輝元はみずから大坂城に乗り込んで総大将となり、四国などにも進出するなど野心満々の動きを見せ、毛利秀元は伏見城などを攻撃しました。

しかし、吉川広家は家康側と内通して関ヶ原の戦いで毛利軍を傍観させ、「輝元は何も知らずに担がれているだけなので」「本領を安堵する」という約束を井伊直政と本多忠勝からもらい、それを手にして抵抗を主張する輝元養子の秀元の反対を制して大坂城からの退去を主導しました。しかし、「輝元の花押《かおう》がある諸将への呼びかけが見つかったので領地没収、代わりに広家に防長《ぼうちょう》（周防、長門）2国を与える」といわれ、青くなってその2国を毛利家に譲ることだけを承知させ、みずからは6万石で岩国《いわくに》に移りました。

吉川氏は冷遇され、長門府中《ふちゅう》藩（長府《ちょうふ》藩とも。下関《しものせき》市）の藩主になった秀元のほうが藩政の主導権を取り、のちには宗藩《そうはん》の藩主も秀元の系統に移ります。

家康の会津攻めのとき、三成の挙兵による家康の西上を受けて、上杉景勝は家康を背後から襲うより、まずいちばん弱そうな最上領の併合を優先して図りました。長谷堂《はせどう》城（山形市）で戦っているときに、9月29日になって15日に関ヶ原の戦いで東軍が勝利したことが伝わり、直江兼続は兵を引き揚げ、あとは交渉で山形県の米沢地方と福島市周辺を安堵されて矛を収めました。

出羽の湊《みなと》城（秋田市）にあった秋田《あきた》氏は、どさくさまぎれに近隣の小野寺《おのでら》氏を攻撃して東軍に協力したと主張しましたが認められず、佐竹氏が秋田に入ったことにともなって常陸に移され、最後は陸奥三春《みはる》藩主になり、戊辰戦争では会津を追いつめるうえで重要な役割を果たしました。

佐竹氏はどちらにつくか曖昧な態度を続けましたが、三成とは加藤清正らに三成が襲われたときに匿《かくま》うなど親密で西軍寄りの行動と見られ、水戸《みと》から出羽に移されました。

佐賀の鍋島《なべしま》氏は西軍に与し、伏見城や津城攻めに参加しましたが、関ヶ原本戦には参加せず、戦後は本国で西軍の筑後《ちくご》（福岡県）柳川《やながわ》の立花宗茂《たちばなむねしげ》、同久留米《くるめ》の小早川秀包《ひでかね》（のちの毛利秀包）らを攻撃し、黒田長政の仲裁で家康にいち早く謝罪して無事でした。

対馬《つしま》（長崎県）の宗義智《そうよしとし》は西軍の小西行長《こにしゆきなが》の娘婿だったため、伏見城攻撃に参加し、大津城攻めや関ヶ原本戦では家臣を代理として参加させましたが、朝鮮との国交修復を迅速に進めることを望んでいた家康から罪には問われず、所領を安堵されました。このとき、正室の小西マリアを離縁しています。

島津氏は畿内にあった義弘が少人数で関ヶ原の戦いに西軍で参加しましたが、兵力が十分ではなく、傍観しているうちに戦いは終わり、中央突破をして戦線から離脱しました。このとき、義弘は死んだとデマを流して薩摩《さつま》（鹿児島県）に逃げ帰り、心ならずも西軍に参加しただけと言い訳をし、家康も島津攻めをする困難さを考えて旧領を安堵しました。

裏切りの報いを受けた小早川秀秋とその兄弟

信長の弟信包や、北政所の縁戚の杉原長房《すぎはらながふさ》が許されたのは血筋ゆえです。北政所の兄木下家定《いえさだ》と小早川秀秋ら子どもたちは複雑なことになりました。

小早川隆景の死後に跡を継いでいた養子の秀秋は、朝鮮での失策がたたって越前への移封を命じられましたが、実現しないままに秀吉が死去し、沙汰やみとなって関ヶ原の戦いを迎えました。

秀秋は西軍として伏見城攻撃に参加し、関ヶ原の戦いでは1万以上の大軍を率いて、みずから西軍陣形の要である松尾山《まつおやま》に入り、戦いが始まっても旗幟《きし》を鮮明にせず、西軍がどちらかといえば有利に戦況が進むなかで西軍の大谷吉継《おおたによしつぐ》隊に襲いかかり、戦後は家康から佐和山城攻撃を命じられ、これを実行しました。

この秀秋の裏切りはまったく予定どおりというものではなく、逡巡《しゅんじゅん》したのちのことでしょう。東軍勝利の最大功労者であるにもかかわらず、石高もさほど増えず、筑前から岡山というのも栄転とはいえません。

西軍から播磨《はりま》（兵庫県）と、秀頼の成人まで関白、家老の稲葉正成と平岡頼勝《ひらおかよりかつ》に近江で10万石ずつという条件を提示され、東軍の黒田長政や浅野幸長《あさのよしなが》らから家老の稲葉と平岡に猛烈な工作がされました。秀秋とすれば、ほかの木下兄弟と同様に、どちらにも与したくないのが本音だったでしょう。

しかし、畿内にあったため、とりあえず西軍に参加して伏見城攻撃に加わり、関ヶ原の戦いにやってきたときに毛利軍が動こうとしないのを見たのか、東軍から撃ちかけられたからか、直接のきっかけはわかりませんが、決断したのでしょう。

裏切りが既定路線なら、1万を超える大兵力ですから、旗幟を明確にせず、サボタージュしても攻撃などされないし、京極高次のように家康が西上してきた段階で東軍に鞍替えしてもよかったのです。小早川軍がいなかったら、伏見城はあと何日か踏ん張れたはずです。

結局、宇喜多秀家の岡山藩を継承しましたが、岡山への移転とともに、毛利系や九州土着の家臣の多くが家中から離れ、お家騒動もあって、関ヶ原の戦いの裏切りの張本人である稲葉と平岡が去り、2年後には秀秋も死んで取りつぶしとなりました。

稲葉正成は美濃にいったん隠棲《いんせい》し、妻のお福《ふく》は家光乳母の春日局となり、正成自身は**真岡《もおか》藩**2万石の大名に、次男正勝《まさかつ》は3代将軍家光の側近として老中《ろうじゅう》となり、子孫は淀《よど》藩（京都市伏見区）藩主になりました。

秀秋の父の木下家定は、三成挙兵のときには北政所の護衛と称して三本木《さんぼんぎ》（京都市上京《かみぎょう》区の御苑内《ぎょえんない》）にあったし、伏見城の守備をしていた嫡男勝俊も退去して護衛に加わっています。次男利房《としふさ》は西軍に属して大聖寺《だいしょうじ》城（加賀《かが》市）攻撃に参加しました。3男延俊《のぶとし》は姫路城の城番をしていましたが、細川幽斎の娘婿だったことから東軍につき、その縁で豊後の日出《ひじ》城主になりました。

なぜ、織田氏の「岐阜藩」は存続できなかったのか

1582年の清洲会議で信長の後継者とされた三法師丸は、織田家の居城は安土だから当然引っ越すべきなのですが、信孝が離しませんでした。しかし、同年12月に信孝が信雄・秀吉にいったん屈した際に安土に移り、丹羽長秀が坂本城で預かったのち、1588年に9歳で元服して従四位下侍従《じゅしいげじじゅう》となりました。前田氏、毛利氏、上杉氏らと同格です。

12歳で岐阜城主となって13万石を与えられ、これを機会に織田家に縁が深い者を集めて家臣団を形成して従三位中納言《じゅさんみちゅうなごん》になり、1歳年上の徳川秀忠と同じ待遇でした。

秀吉の死の年にまだ19歳であるから、織田家の惣領《そうりょう》として粗略ではない扱いでした。関ヶ原の戦いで西軍についたときの条件が尾張・美濃2国で、美濃の諸大名の多くが追従して西軍に参加しました。

ところが寡兵にもかかわらず長良川《ながらがわ》の畔《ほとり》に討って出て、8月22日に福島正則や池田輝政らに蹴散らされ、岐阜城に慌てて籠もりましたが、かつて城主だった輝政らに手の内を読まれ、翌日には降伏して高野山に追放されました。

「信長の孫」の面目に懸けて初陣を格好よくと自意識過剰になりすぎたのでしょう。籠城すれば1日で落城ということにはならなかったはずで、秀信の軽率な判断は西軍の敗北の主たる原因のひとつのように思えます。岐阜城はこれを最後に廃城になり、天守閣などは加納《かのう》城（岐阜市）に移されました。

関ヶ原の戦いでは三成も母まつを徳川家に人質に取られている前田氏を西軍に取り込むことは無理だと見て、ほどほどにサボタージュさせることを目標にしましたし、だいたいその方針は成功しました。

越前から南加賀のほとんどの大名が西軍に属した情勢のなかで、前田利長は小松城の丹羽長重を囲むものの、強硬策は避け、その代わりに南の大聖寺城にあった5万石の山口正弘《やまぐちまさひろ》を襲い、これを敗死させてお茶を濁しました。

利長はいったん金沢《かなざわ》に引き揚げようとしました。途中の浅井畷《あさいなわて》（小松市）の水田に囲まれた細い道で丹羽軍に襲われて大きな損害を出しながらもなんとか脱出し、態勢を立て直して南下しようとしましたが、弟で七尾《ななお》城主だった利政《としまさ》はサボタージュを始めて参加を拒みました。そうこうしているうちに関ヶ原の決戦は終わってしまいました。

家康は利政が領していた能登《のと》（石川県）や、丹羽長重と山口正弘の領地を利長に与えました。徳川家は利長と利政の母まつを江戸で人質にしていましたが、まつが死んでしまえば意味がなくなるため、利家の娘婿である宇喜多秀家を助命したり、秀忠の幼い娘を利長の嗣子《しし》となった異母弟の利常《としつね》の妻として金沢に送ったりしました。

高岡《たかおか》城に隠居していた利長が死に、大坂の陣が終わったあと、まつは金沢への帰国を認められ、さらに京都に上り、利政と14年ぶりに再会できました。

江戸大名になれなかった「天空の城」竹田城

宇喜多秀家は豊臣秀吉の猶子《ゆうし》（準養子）となり、1586年ごろには前田利家の娘で秀吉の養女として実の娘同様に育てられてきた豪姫と結婚しました。文禄・慶長の役では碧蹄館《へきていかん》の戦いで小早川隆景らとともに李如松《りじょしょう》の明《みん》軍を破って従三位権《ごん》中納言となり、五大老の一角を占めました。

ただ、秀吉死去の翌年にお家騒動が勃発し、前田家から豪姫についてきた側近と国元の家臣団との折り合いが悪かったのです。

豪姫がキリシタンだったことと、領内で法華宗《ほっけしゅう》の過激な一派が力を持っていたことでも対立したともいわれます。

関ヶ原の戦いでは西軍の中核部隊として奮戦し、福島正則らと戦いましたが、小早川秀秋の裏切りにあって戦線を離脱しました。秀家は薩摩の島津氏を頼って垂水《たるみず》で匿われましたが、1603年に家康に引き渡され、駿河の久能山《くのうざん》（静岡市）に幽閉されました。

その3年後に息子たちとともに八丈島《はちじょうじま》に流され、1655年に83歳で死ぬまで長寿をまっとうしましたが、加賀の前田家では、江戸時代を通じて子孫たちへの仕送りを続けました。

秀家は利発で美男で文化的素養もあり、武芸もできたのですが、2世代議士で中央政界では評価されて活躍するが地元の掌握はできず、父親の代からの秘書団との折り合いも悪いといったタイプの政治家のような存在でした。

「天空の城」として大ブームになったのが兵庫県朝来《あさご》市の竹田《たけだ》城です。儒学者の藤原惺窩《ふじわらせいか》を世に出したことで知られる赤松広秀《あかまつひろひで》（斎村政広《さいむらまさひろ》）は東軍に寝返り、西軍の宮部長房《みやべながふさ》の鳥取城を攻めたのですが、このときに城下を焼き討ちしたことがあとで問題となって自害させられ、せっかくの名城も廃城になりました。

赤松宗家の義祐《よしすけ》は秀吉のもとで旧国主としてそれなりに尊重されました。秀吉の死と同年に死にました。阿波住吉《あわすみよし》（徳島市）に領地を持っていた子の則英《のりひで》は佐和山城の守備についていたりして自害させられましたが、詳細は不明です。

赤松一門の出世頭は摂津《せっつ》（大阪府、兵庫県）の有馬《ありま》郡にあった有馬豊氏《ありまとようじ》で、関ヶ原の戦いの当時は遠江横須賀《よこすか》（掛川市）城主でしたが、最終的には久留米21万石まで大出世しました。

キリシタン大名の小西行長は堺《さかい》の薬種商《やくしゅしょう》の小西隆佐《りゅうさ》の次男です。御船《おふな》奉行として活躍し、肥後半国の20万石を与えられ、宇土《うと》城を居城としました。文禄・慶長の役には先鋒《せんぽう》として加藤清正や黒田長政とともに戦い、釜山《プサン》や平壌を占領して軍功を上げる一方、早期の和平工作を娘婿である宗義智と推進しましたが、成功しませんでした。

関ヶ原の戦いで西軍の主力として戦い、伊吹山《いぶきやま》に潜みましたが、竹中重門《たけなかしげかど》に捕らわれ、三成や安国寺恵瓊《あんこくじえけい》とともに京都六条河原《ろくじょうがわら》で首をはねられました。遺臣から天草四郎《あまくさしろう》をはじめとして、島原《しまばら》の乱《らん》に参加した者が多くいました。江戸時代になって熊本藩の支藩《しはん》として宇土藩が成立しましたが、城跡とは別の場所に陣屋《じんや》が置かれました。

大谷吉継は敦賀《つるが》5万石を与えられ、家康の会津攻めに参加すべく出陣しましたが、三成から決起の相談を受け、人望のなさなどを理由に思いとどまるように説得しましたが失敗し、行動をともにしました。子の木下頼継《よりつぐ》は父とともに戦って改易され、病死しました。

五奉行《ごぶぎょう》のひとりで大和郡山《こおりやま》20万石の増田長盛《ましたながもり》は、家康に対して弾劾状を作成したかと思えば、三成の挙兵を関東に注進して西軍に同調したように見せて大坂城におり、参戦せずに姑息《こそく》に動いたのですが、改易されました。

大坂の陣ではスパイとして大坂に入城するようにすすめられましたが、さすがに断り、息子の盛次《もりつぐ》は家康9男の義直《よしなお》のもとにあって、いったんは徳川方に属したのに大坂方に転じて討ち死にし、長盛も自害させられました。

東海道《とうかいどう》筋の水口《みなくち》城（甲賀《こうか》市）には長束正家がありました。丹羽長秀の家臣でしたが、財政家としての才能を買われて五奉行のひとりに抜擢《ばってき》されました。日本最初の近代的な財務大臣というべき人です。

伊勢に出陣して安濃津《あのつ》城（津市）を落とし、関ヶ原の戦いでは南宮山《なんぐうさん》に陣を構えたのですが、吉川広家のために戦うことができずに帰城し、池田長吉《ながよし》に欺かれて城を出て、蒲生《がもう》郡桜井谷（日野《ひの》町）で自害させられました。

水口は平山城《ひらやまじろ》だったのを廃止し、1634年になって東海道沿いに二条城《にじょう》に似た館をつくり、幕末には加藤嘉明《かとうよしあきら》の子孫が城主でした。

大藩として残れなかった戦国の豪傑

四国の長宗我部元親《もとちか》は秀吉に従ったのち、仙石秀久の指揮のもとで九州に遠征しますが、豊後の戸次川《へつぎがわ》の戦いで嫡男信親《のぶちか》と精鋭部隊のほとんどを失いました。

元親はあとを次男香川親和《かがわちかかず》、3男津野親忠《つのちかただ》をさしおいて、4男盛親《もりちか》に信親の娘を娶《めと》らせて指名しました。関ヶ原の戦いでは西軍に属して南宮山に配されました。しかし、吉川広家が動かなかったため、戦闘には参加できず、土佐に逃げ帰りました。

元親は親忠が親しい藤堂高虎《とうどうたかとら》と通じて土佐半国を分割しようとしているなどと疑い、これを殺して家康の心証を悪くしたともいわれ、畿内に出頭したものの、改易されました。

碧蹄館の戦いは白村江《はくそんこう》で百済《くだら》・日本連合軍が新羅《しらぎ》・唐《とう》連合軍に敗れてから最初の中華帝国正規軍との激突で、その勝利は民族的な誇りではなくてなんでしょうか。どこの国でも戦争の是非がどうであろうと、勝利はそれなりに誇りとして持ち続けているもので、パリの町だってオーステルリッツ、イエナ、ソルフェリーノなど、いってみれば侵略戦争時の勝利の名前だらけですから、日本人もこれをもっと顕彰すべきです。

その勝利の立て役者が立花宗茂です。大友氏庶流の立花氏に婿養子として入り、島津勢の猛攻を食い止め、秀吉の九州制覇に貢献して柳川城主となりました。関ヶ原の戦いでは西軍に属し、大津城の攻撃に時間を取られ、関ヶ原の本戦に間に合いませんでした。

これも西軍敗北の原因のひとつです。いったん改易されましたが、秀忠に仕えて棚倉《たなぐら》藩主として復活し、大坂の陣の戦功で柳川に復帰しました。島原の乱でも子の忠茂《ただしげ》ともども活躍し、戦国武将の生き残りとして尊敬されました。

久留米には小早川隆景の養子だったが、秀秋が養子になったあとに廃嫡されていた毛利秀包が13万石でいました。関ヶ原の戦いで改易され、長州藩の重臣である吉敷《よしき》毛利家となりました。

滝川雄利《かつとし》は北畠《きたばたけ》一族の木造《こづくり》氏出身で、滝川一益の養子となって滝川姓になりました。神戸《かんべ》（鈴鹿《すずか》市）2万石で、関ヶ原の戦いで西軍に属して改易されましたが、のちに**片野藩**《かたの》（石岡《いしおか》市）2万石を再び与えられ、子孫は旗本《はたもと》として生き残りました。子孫に鳥羽《とば》・伏見の戦いで旧幕府軍の先陣を切って上京する途中、鳥羽で薩摩藩から砲撃されて蹴散らされた滝川具挙《ともあき》がいます。

垂井《たるい》城の平塚為広《ひらつかためひろ》は薙刀《なぎなた》の名手でしたが、小早川秀秋の寝返りによって討ち死にしました。子孫は紀州藩士となり、徳川吉宗に従って旗本となり、女性解放運動家の平塚らいてうはその子孫といわれます。

図表1　関ヶ原の戦い前後の移封

現在	大名	所属	旧領	旧領石高	新領	戦後石高等
神奈川	大久保忠隣	東	相模 小田原	65,000	相模 小田原	65,000
	本多正信	東	相模 玉縄	10,000	相模 玉縄	10,000
	大久保忠常	東	相模ノ内	-	武蔵 騎西	20,000
	土屋忠直	東		1,000	上総 久留里	20,000
静岡	内藤信成	東	伊豆 韮山	10,000	駿河 府中	40,000
	戸田尊次	東	伊豆 下田	5,000	三河 田原	10,000
東京	徳川家康	東	武蔵 江戸	2,420,000	武蔵 江戸	—
埼玉	小笠原信之	東	武蔵 本庄	10,000	武蔵 本庄	10,000
	松平家清	東	武蔵 八幡山	10,000	三河 吉田	30,000
	松平忠吉	東	武蔵 忍	100,000	尾張 清洲	520,000
	松平忠頼	東	武蔵 松山	10,000	遠江 浜松	50,000
	伊奈忠次	東	武蔵 小室	13,000	武蔵 小室	13,000
	戸田一西	東	武蔵 鯨井	5,000	近江 膳所	30,000
	松平康重	東	武蔵 騎西	20,000	常陸 笠間	30,000
	高力清長	東	武蔵 岩槻	20,000	武蔵 岩槻	20,000
	西尾吉次	東	武蔵ノ内	5,000	武蔵 原市	12,000
	天野康景	東		5,000	駿河 興国寺	10,000
	酒井忠世	東		5,000	上野 那波	10,000
	酒井忠利	東		3,000	駿河 田中	10,000
	酒井重忠	東		10,000	上野 厩橋（前橋）	33,000
	松平忠輝	東		10,000	下総 佐倉	50,000
	松平康長	東		10,000	上野 白井	20,000
	土井利勝	東	（不明）	1,500	下総 小見川	10,000
群馬	禰津信政	東	上野 豊岡	5,000	上野 豊岡	10,000
	本多康重	東	上野 白井	20,000	三河 岡崎	50,000
	松平家乗	東	上野 那波	10,000	美濃 岩村	20,000
	松平忠明	東	上野 長根	7,000	三河 作手	17,000
	牧野康成	東	上野 大胡	20,000	上野 大胡	20,000
	真田信幸	東	上野 沼田	27,000	信濃 上田	95,000
	奥平信昌	東	上野 小幡	30,000	美濃 加納	100,000
	井伊直政	東	上野 高崎	120,000	近江 佐和山	180,000
	菅沼忠政	東	上野 吉井	20,000	上野 吉井	20,000
	榊原康政	東	上野 館林	100,000	上野 館林	100,000
	平岩親吉	東	上野 厩橋（前橋）	33,000	甲斐 府中城番	63,000
	菅沼定仍	東	上野 阿保	10,000	伊勢 長島	20,000
	諏訪頼水	東	上野 総社	12,000	信濃 高島	27,000
	奥平家昌	東	上野ノ内	-	下野 宇都宮	100,000
	稲垣長茂	東		3,000	上野 伊勢崎	10,000
千葉	石川康通	東	上総 鳴渡	20,000	美濃 大垣	50,000
	大久保忠佐	東	上総 茂原	5,000	駿河 沼津	20,000
	本多忠勝	東	上総 大多喜	100,000	伊勢 桑名	100,000
	内藤政長	東	上総 佐貫	20,000	上総 佐貫	30,000
	大須賀忠政	東	上総 久留里	30,000	遠江 横須賀	55,000
	本多忠朝	東	上総ノ内		上総 大多喜	50,000
	山口重政	東		5,000	常陸 牛久	10,000
	岡部長盛	東	下総 山崎	12,000	上総 山崎	12,000
	鳥居元忠	東	下総 矢作	40,000	陸奥 磐城平	100,000
	保科正光	東	下総 多古	10,000	信濃 高遠	25,000
	松平定勝	東	下総 小南	3,000	遠江 掛川	30,000
	本多康俊	東	下総 小篠	5,000	三河 西尾	20,000
	松平家忠	東	下総 小見川	10,000	三河 深溝	10,000
	松平信一	東	下総 布川	5,000	常陸 土浦	35,000
	三浦重成	東	下総 佐倉	10,000	近江ノ内	13,000
	北条氏勝	東	下総 岩富	10,000	下総 岩富	10,000
	松平康元	東	下総 関宿	40,000	下総 関宿	40,000
	酒井家次	東	下総 臼井	30,000	下総 臼井	30,000

現在	大名	所属	旧領	旧領石高	新領	戦後石高等
千葉	青山忠成	東	下総ノ内	7,000	下総ノ内	18,000
	阿部正次	東		5,000	相模 一宮	10,000
	鳥居成次	東		-	甲斐 郡内	18,000
	青山成重	東		8,000	下総ノ内	10,000
	武田信吉	東		40,000	常陸 水戸	150,000
	里見義康	東	安房 館山	92,000	安房 館山	120,000
茨城	佐竹義宣	西	常陸 水戸	546,000	出羽 秋田	205,800
	多賀谷重経	西	常陸 下妻	60,000	**所領没収**	改易
	水谷勝俊	東	常陸 下館	25,000	常陸 下館	25,000
	土岐定義	東	下総 守谷(相馬)	10,000	下総 守谷(相馬)	10,000
	小笠原秀政	東	下総 古河	30,000	信濃 飯田	50,000
	結城秀康	東	下総 結城	101,000	越前 北庄	680,000
新潟	村上義明	東	越後 本庄(村上)	90,000	越後 本庄(村上)	90,000
	堀親良	東	越後 蔵王堂	40,000	越後 蔵王堂	40,000
	溝口秀勝	東	越後 新発田	60,000	越後 新発田	60,000
	堀秀治	東	越後 春日山	300,000	越後 春日山	300,000
	近藤重勝	東	越後ノ内	10,000	越後ノ内	10,000
	堀直重	東		10,000	下総 矢作	12,000
栃木	大田原晴清	東	下野 大田原	7,900	下野 大田原	12,400
	山川朝信	西	下野 山川	20,000	**所領没収**	福井藩士
	佐野信吉	東	下野 佐野	39,000	下野 佐野	39,000
	大関資増	東	下野 黒羽	13,000	下野 黒羽	20,000
	皆川広照	東	下野 皆川	30,000	下野 皆川	30,000
	成田泰親	東	下野 烏山	20,000	下野 烏山	37,000
	蒲生秀行	東	下野 宇都宮	180,000	陸奥 会津	600,000
	那須資景	東	下野ノ内	10,000	下野 那須	17,000
福島	相馬義胤	中立	陸奥 中村	60,000	陸奥 中村	60,000
	岩城貞隆	西	陸奥 磐城平	120,000	**所領没収**	再封
	上杉景勝	西	陸奥 会津	1,200,000	出羽 米沢	300,000
山形	最上義光	東	出羽 山形	240,000	出羽 山形	570,000
宮城	伊達政宗	東	陸奥 岩出山	580,000	陸奥 大崎	585,000
岩手	南部利直	東	陸奥 福岡	100,000	陸奥 福岡	100,000
青森	津軽為信	東	陸奥 堀越	45,000	陸奥 堀越	47,000
北海道	松前慶広	中立	蝦夷 松前	—	蝦夷 松前	—
秋田	六郷政乗	東	出羽 六郷	5,000	常陸 府中	10,000
	秋田実季	西	出羽 湊	50,000	常陸 宍戸	50,000
	戸沢政盛	東	出羽 角館	44,000	常陸 松岡	40,000
	小野寺義道	西	出羽 横手	30,000	**所領没収**	津和野藩士
愛知	福島正則	東	尾張 清洲	240,000	安芸 広島	498,200
	一柳直盛	東	尾張 黒田	35,000	伊勢 神戸	50,000
	石川貞清	西	尾張 犬山	12,000	**所領没収**	商人に
	丹羽氏次	東	尾張ノ内(上有知)	5,000	三河 伊保	10,000
岐阜	佐藤方政	西	美濃 鉈尾山	25,000	**所領没収**	逐電
	木村由信	西	美濃 北方(加納)	10,000		殺害
	丸毛兼利	西	美濃 福束	20,000		加賀藩士
	河尻直次	西	美濃 苗木	10,000		戦死
	稲葉貞通	西→東	美濃 郡上	40,000	豊後 臼杵	50,000
	稲葉通孝	西	美濃 中山	5,000	豊後ノ内	14,000
	伊藤盛正	西	美濃 大垣	30,000	**所領没収**	加賀藩士
	原勝胤	西	美濃 太田山	30,000		自刃
	関一政	西→東	美濃 多良	30,000	伊勢 亀山	30,000
	西尾光教	東	美濃 曽根	20,000	美濃 揖斐	30,000
	稲葉通重	西	美濃 清水	12,000	美濃 清水	12,000
	平塚為広	西	美濃 垂井	12,000	**所領没収**	戦死
	徳永寿昌	東	美濃 松木	30,700	美濃 高須	51,000
	遠藤慶隆	東	美濃 小原	7,500	美濃 郡上	27,000

現在	大名	所属	旧領	旧領石高	新領	戦後石高等
岐阜	市橋長勝	東	美濃 今尾	10,000	美濃 今尾	20,000
	加藤貞泰	西→東	美濃 黒野	40,000	美濃 黒野	40,000
	高木盛兼	西	美濃 高須	10,000	所領没収	松江藩士
	織田秀信	西	美濃 岐阜	135,000		高野山へ
	田丸忠昌	西	美濃 岩村	40,000		追放・旗本
	加賀井秀望	西	美濃 加賀井	10,000		殺害
	遠山友政	東	美濃ノ内	—	美濃 苗木	11,000
	長谷川守知	東		10,000	美濃ノ内	10,000
	金森長近	東	飛騨 高山	38,000	飛騨 高山	62,000
三重	筒井定次	東	伊賀 上野	95,000	伊賀 上野	95,000
	富田信高	東	伊勢 安濃津	50,000	伊勢 安濃津	70,000
	松浦久信	西	伊勢 井生	11,000	所領没収	戦死
	蒔田広定	西	伊勢 雲出	10,000	伊勢 雲出	10,000
	稲葉道通	東	伊勢 岩手	26,000	伊勢 田丸	46,000
	岡本重政	西	伊勢 亀山	23,000	所領没収	自刃
	氏家行広	西	伊勢 桑名	22,000		隠棲・大坂戦死
	古田重勝	東	伊勢 松坂	35,000	伊勢 松坂	55,000
	分部光嘉	東	伊勢 上野	10,000	伊勢 上野	20,000
	滝川雄利	西	伊勢 神戸	20,000	所領没収	再封
	山崎定勝	西	伊勢 竹原	10,000		豊臣家臣
	福島高晴	東	伊勢 長島	10,000	大和 松山	30,000
	織田信重	東	伊勢 林	10,000	伊勢 林	10,000
	土方雄氏	東	伊勢ノ内	—	伊勢 菰野	12,000
	土方雄久	東			加賀 野々市	10,000
	寺西直次	西		10,000	所領没収	剃髪
	中江直澄	西		10,000		仙台預
	九鬼嘉隆	分裂	志摩 鳥羽	35,000	志摩 鳥羽	55,000
静岡	有馬豊氏	東	遠江 横須賀	30,000	丹波 福知山	60,000
	山内一豊	東	遠江 掛川	68,000	土佐 浦戸	203,000
	松下重綱	東	遠江 頭陀寺	12,000	遠江 久野	12,000
	堀尾吉晴	東	遠江 浜松	120,000	出雲 松江	240,000
愛知	田中吉政	東	三河 岡崎	100,000	筑後 柳川	325,000
	水野勝成	東	三河 刈谷	30,000	三河 刈谷	30,000
	池田輝政	東	三河 吉田	152,000	播磨 姫路	520,000
	水野分長	東	三河ノ内	—	尾張 緒川	10,000
	中村一忠	東	駿河 府中	145,000	伯耆 米子	175,000
山梨	浅野幸長	東	甲斐 府中	215,000	紀伊 和歌山	376,000
	浅野長重	東	甲斐ノ内	—	下野 真岡	20,000
長野	佐久間安次	東	信濃 飯山	10,000	近江 高島	15,000
	森忠政	東	信濃 川中島	138,000	信濃 川中島	138,000
	真田昌幸	西	信濃 上田	38,000	所領没収	高野山へ
	石川康長	東	信濃 松本	80,000	信濃 松本	80,000
	仙石秀久	東	信濃 小諸	50,000	信濃 小諸	50,000
	日根野吉明	東	信濃 高島	27,000	下野 壬生	分裂
	京極高知	東	信濃 伊那(飯田)	100,000	丹後 宮津	123,000
	石川康勝	東	信濃ノ内	15,000	信濃ノ内	15,000
福井	戸田重政	西	越前 安居	10,000	所領没収	戦死
	青山宗勝	西	越前 丸岡	46,000		不明
	赤座直保	西→東	越前 今庄	20,000		加賀藩士
	織田秀雄	西	越前 大野	50,000		隠居
	丹羽長正	西	越前 東郷	50,000		豊臣家臣
	大谷吉継	西	越前 敦賀	50,000		戦死
	青木一矩	西	越前 北ノ庄	80,000		病死
	寺西清行	西	越前ノ内	10,000		隠棲
	木下頼継	西		25,000		病死
	奥山正之	西		11,000		隠棲

現在	大名	所属	旧領	旧領石高	新領	戦後石高等
福井	上田重安	西	越前ノ内	6,000	所領没収	広島藩士
	木下利房	西	若狭 高浜	20,000		足守藩主
	木下勝俊	中立	若狭 小浜	62,000		隠棲
石川	前田利長	東	加賀 金沢	835,000	加賀 金沢	1,193,000
	丹羽長重	西	加賀 小松	125,000	所領没収	二本松藩祖
	山口正弘	西	加賀 大聖寺	50,000		戦死
	山口修弘	西	加賀ノ内	10,000		戦死
	前田利政	中立	能登 七尾	215,000		隠棲・加賀藩士
大分	早川長政	西	豊後 府内	10,000		隠棲・大坂陣参加
	垣見一直	西	豊後 富来	20,000		殺害
	中川秀成	東	豊後 竹田	66,000	豊後 竹田	66,000
	毛利高政	西→東	豊後 日田（隈）	20,000	豊後 佐伯	20,000
	竹中重利	西→東	豊後 高田	20,000	豊後 高田	20,000
	太田一吉	西	豊後 臼杵	65,000	所領没収	隠棲
	熊谷直盛	西	豊後 安岐	15,000		殺害
	黒田長政	東	豊前 中津	125,000	筑前 福岡	502,000
福岡	毛利勝信	西	豊前 小倉	60,000	所領没収	高知預
	小早川秀秋	西→東	筑前 名島	357,000	備前 岡山	510,000
	立花宗茂	西	筑後 柳川	132,000	所領没収	再封
	高橋直次	西	筑後 内山	18,000		旗本
	筑紫広門	西	筑後 山下	18,000		熊本寄食
	小早川秀包	西	筑後 久留米	130,000		長州藩士
佐賀	鍋島直茂	西→東	肥前 佐賀	357,000	肥前 佐賀	357,000
	寺沢広高	東	肥前 唐津	80,000	肥前 唐津	123,000
長崎	松浦鎮信	中立	肥前 平戸	63,000	肥前 平戸	63,000
	有馬晴信	東	肥前 日野江	40,000	肥前 日野江	40,000
	大村喜前	東	肥前 大村	21,000	肥前 大村	25,000
	五島純玄	中立	肥前 五島（福江）	16,000	肥前 五島（福江）	16,000
	宗義智	西	対馬 厳原（府中）	10,000	対馬 厳原（府中）	10,000
熊本	相良頼房	西→東	肥後 人吉	22,000	肥後 人吉	22,000
	加藤清正	東	肥後 熊本	195,000	肥後 熊本	541,000
	小西行長	西	肥後 宇土	200,000	所領没収	斬首
鹿児島	島津義久	西	薩摩 鹿児島	560,000	薩摩 鹿児島	560,000
宮崎	伊東祐慶	東	日向 飫肥	28,000	日向 飫肥	28,000
	秋月種長	西→東	日向 財部（高鍋）	30,000	日向 財部（高鍋）	30,000
	島津豊久	西	日向 佐土原	28,600	所領没収	戦死
	高橋元種	西→東	日向 県	50,000	日向 県（延岡）	50,000
兵庫	木下家定	中立	播磨 姫路	25,000	備中 足守	25,000
	糟屋宗孝	西	播磨 加古川	12,000	所領没収	不明
	石川頼明	西	播磨ノ内	12,000		自刃
	木下延俊	東		20,000	豊後 日出	30,000
	横浜茂勝	西		17,000	所領没収	不明
	木下延重	西		20,000		不明
	脇坂安治	西→東	淡路 洲本	33,000	淡路 洲本	33,000
	杉原長房	西	但馬 豊岡	20,000	但馬 豊岡	20,000
	斎村政広	西	但馬 竹田	22,000	所領没収	自刃
	小出吉政	分裂	但馬 出石	60,000	但馬 出石	60,000
	別所吉治	西	但馬 八木	15,000	但馬 八木	15,000
	山崎家盛	西	摂津 三田	23,000	因幡 若桜	35,000
	織田信包	西	丹波 柏原	36,000	丹波 柏原	36,000
鳥取	南条忠成	西	伯耆 羽衣石	40,000	所領没収	隠棲・大坂自害
	宮部長煕	西	因幡 鳥取	50,000		盛岡藩士
	木下重堅	西	因幡 若桜	20,000		自刃
	亀井茲矩	東	因幡 鹿野	13,000	因幡 鹿野	38,000
	垣屋恒総	西	因幡 浦住	10,000	所領没収	高野山へ
岡山	宇喜多秀家	西	備前 岡山	574,000		八丈島

現在	大名	所属	旧領	旧領石高	新領	戦後石高等
岡山	戸川達安	東	浪人	―	備中 庭瀬	39,000
	坂崎直盛	東			石見 津和野	30,000
広島	毛利輝元	西	安芸 広島	1,205,000	周防 長門	369,000
香川	生駒親正	分裂	讃岐 高松	150,000	讃岐 高松	17,100
徳島	蜂須賀家政	分裂	阿波 徳島	176,000	阿波 徳島	187,000
	赤松則英	西	阿波 住吉	10,000	所領没収	自刃
愛媛	小川祐忠	西→東	伊予 府中(国府)	70,000		翌年死去
	藤堂高虎	東	伊予 板島(宇和島)	80,000	伊予 今治	200,000
	加藤嘉明	東	伊予 松前	100,000	伊予 松山	200,000
	安国寺恵瓊	西	伊予ノ内	60,000	所領没収	斬首
	池田秀氏	西		20,000		津藩士
	来島康親	東		14,000	豊後 森	14,000
高知	長宗我部盛親	西	土佐 浦戸	98,000	所領没収	隠棲・大坂斬首
京都	津田信成	東	山城 御牧	13,000	山城 御牧	13,000
	細川忠興	東	丹後 宮津	180,000	豊前 小倉	300,000
	前田玄以	中立	丹波 亀山	50,000	丹波 亀山	50,000
	谷衛友	西	丹波 山家	16,000	丹波 山家	16,000
	藤掛永勝	西	丹波 上林	13,000	所領没収	旗本
	小野木重勝	西	丹波 福知山	31,000		自刃
	高田治忠	西	丹波ノ内	10,000		消息不明
	川勝秀氏	西		10,000		旗本
	古田重然	東	山城ノ内	3,000	山城ノ内	10,000
	石川貞通	西	山城・丹波ノ内	12,000	所領没収	盛岡藩士
大阪	北条氏盛	東	河内 狭山	10,000	河内 狭山	10,000
	小出秀政	分裂	和泉 岸和田	30,000	和泉 岸和田	30,000
	織田長益	東	摂津 味舌	15,000	大和ノ内	30,000
	大島光義	東	摂津・尾張ノ内	8,000	美濃 関	18,000
	片桐且元	中立	摂津 茨木	10,000	大和 竜田	28,000
	新庄直頼	西	摂津 高槻	13,000	所領没収	常陸麻生藩祖
	織田長孝	東	摂津ノ内	―	美濃 野村	10,000
	有馬則頼	東		10,000	摂津 三田	20,000
	木下俊定	西	(不明)	20,000	所領没収	小早川寄食
	小堀正次	東		5,000	備中 松山	15,000
奈良	本多利朝	東	大和 高取	25,000	大和 高取	25,000
	増田長盛	西	大和 郡山	200,000	所領没収	隠棲
	杉若氏宗	西	大和ノ内	19,000		行方不明
	岸田忠氏	西	大和 岸田	10,000		盛岡藩士
	多賀秀家	西	大和 松山	20,000		堀家寄食
	松倉重政	東	大和ノ内	8.000	大和ノ内	10,000
	寺田光吉	西		15,000	所領没収	隠棲
	宇多頼忠	西	大和・河内ノ内	13,000		自刃
和歌山	桑山重晴	東	紀伊 和歌山	40,000	大和 布施	10,000
	堀内氏善	西	紀伊 新宮	27,000	所領没収	熊本藩預
	桑山元晴	東	紀伊ノ内	8,000	大和 葛上	12,000
滋賀	京極高次	西→東	近江 大津	60,000	若狭 小浜	92,000
	長束正家	西	近江 水口	120,000	所領没収	自刃
	石田三成	西	近江 佐和山	194,000		斬首
	朽木元綱	西→東	近江 朽木	10,000	近江 朽木	10,000
	池田長吉	東	近江ノ内	15,000	因幡 鳥取	60,000
	石田正澄	西		25,000	所領没収	自刃
	石田正継	西		30,000		自刃
	氏家行継	西		16,000		熊本藩士

アミカケは徳川家の石高のうち。
〈出典〉八幡和郎『47都道府県の関ヶ原』(講談社+α新書)を加筆修正。

第3章
「築城」「城の移転」で消えた藩

都市の中心に適した地形、適さない地形

戦国末期から江戸時代の初期は日本史上で空前の新都市建設が行われた時代です。戦国の争乱のなかで軍事利用のために軍事技術が長足の進歩を遂げたことが背景にあります。

日本の都市建設の歴史を振り返ると、古代の都城《とじょう》や国府《こくふ》は城壁に囲まれた大陸の都市を真似《まね》たものですから、南向きのゆるい傾斜地が好まれました。まったく平坦《へいたん》な地形ですと、雨の多い日本では湿地帯になりやすく、少し傾斜があったほうがよかったからです。

ほぼ平らな藤原京《ふじわらきょう》（橿原《かしはら》市、明日香《あすか》村）は水はけが悪くて苦労し、それが早々に放棄される原因でもありました。政庁がある北が高くないと困るとは一般論とはいえず、たとえば長安《ちょうあん》（西安《シーアン》）は南東が高い地形です。この地形だと都大路《みやこおおじ》を下っていくと先に壮麗な宮《きゅう》城《じょう》が見下ろせることになり、それはそれで美しいものです。パリでもシャンゼリゼ通りを下っていった先にルーブル宮殿があります。

高温多湿の日本では南斜面が生活環境として好まれます。それでも飛鳥京《あすかきょう》（明日香村）、難波京《なにわきょう》（大阪市）は北斜面でしたが、平城京《へいじょうきょう》（奈良市）、長岡京《ながおかきょう》（向日《むこう》市、長岡京市）、平安京《へいあんきょう》（京都市）は南斜面で、国府も南斜面が可能ならそのほうが好まれたようで、大宰《だざい》府《ふ》（太宰府《だざいふ》市）や多賀城《たがじょう》も同様です。

この場合は都大路の奥に宮殿がそびえるような景観になります。

所領の強化と「城下町」の誕生

ほとんどの場合、都をとりまく城壁は築かれず、無防備でした。そこで、武士の世の中になると、背後に険しい山がある扇状地のようなところが武家の居館や守護所になり、いざというときに籠もる砦《とりで》が山の上に築かれたりしました。鎌倉はその典型ですし、山口、一乗谷《いちじょうだに》（福井市）、躑躅ヶ崎館《つつじがさきやかた》（甲府市《こうふ》）なども同様です。

戦乱が激しくなると、普段から山の上に住むようにもなりました。北近江の戦国大名である浅井《あざい》氏の小谷城《おだに》（長浜市）では麓の清水谷《きよみずだに》というところに居館があって、もともとはそこに浅井氏は住んでいました。

織田信長に追いつめられると、その背後にあった小谷城に普段から住むようになりました。したがって、浅井3姉妹のうち、茶々と初《はつ》は清水谷で生まれたようですが、江は山上の城で生まれたようです。

ところが軍事技術が進歩して、背後の山地から攻められることが多くなりました。岐阜城などいかにも堅固ですが、何度も背後からの攻撃で落城しています。

堅固な石垣を築き、深くて広い堀を掘ることが可能になり、平地や背後から追われる心配のない、孤立した丘の上に城が築かれるようになりました。

大坂城や江戸城、あるいは福岡城、熊本城、金沢城、水戸城などは丘陵地の先端に築かれ、丘陵地に連なる一方だけ深い堀を人工的に掘って防備を固めたものです。

このような城が好まれるようになったのは、城下町を設けて、そこに武士たちを農村地帯の所領から引っ越させて統制を強化するとともに、商工業者も集めて経済をさかんにすることが必要になったからでもありました。

この時代には多くの都市が生まれました。明治維新のときには財政難から新規の都市建設はほとんどされなかったため、すでに紹介したように、県庁所在地などは大半がこの時代に建設されたり、大改造されたりしたものです。

それ以外でも新潟や長崎がこの時代に建設された町で、例外は札幌、宮崎（明治の新都市）、青森（江戸時代の港町）、浦和《うらわ》（さいたま市。江戸時代の宿場町）、横浜《よこはま》（幕末の港町）、奈良（古代の都城）、山口（室町《むろまち》時代の守護所）、那覇《なは》（首里《しゅり》の外港）くらいです。

江戸時代の城下町を見ると、戦国期から豊臣時代に築かれた城下町をさらに発展させるために場所を移してつくり直したものもあります。

なかには鹿児島のように同じ町のなかで移っただけというものもありますが、まったく別の場所に移ったものも多いのです。その場合は関ヶ原の戦いが終わったあとに新しい藩になったということになります。

春日山城から豊臣の福島城、徳川の高田城へ

新潟県上越市《じょうえつし》は高田市《たかだし》と直江津市《なおえつし》が合併し、さらに周辺の市町村もあわせて今日の姿になりました。もともと越後国府が市内にありましたし、上杉謙信の春日山城《かすがやまじょう》も、越後最大の高田藩15万石の居城もすべてここです。新潟県全体からするとあまりにも西に偏っているため、県庁は新潟市に取られました。

関ヶ原の戦いは堀秀治《ひではる》が上杉景勝に代わって春日山城主になって2年後のことです。堀氏は中世的だった春日山城の近代化を試み、城下町を囲む惣堀《そうぼり》をめぐらしたりしたのですが、関ヶ原の戦いのあと、新城下町を直江津市街地の東側の海岸に建設しました。

本丸《ほんまる》を二の丸《にのまる》、三の丸《さんのまる》で囲い込み、三の丸には荷揚場《にあげば》があるという堂々たる城でした。こうした海岸に港と一体化した城下町をつくるのは秀吉の好みのパターンで、大分城、高松城、大津城など多くの類似例があります。

着工の時期は不明ですが、忠俊《ただとし》が藩主の1607年に春日山から引っ越しています。堀氏は内紛のために1610年に改易され、家康6男の松平忠輝《ただてる》が75万石で封じられました。その忠輝は福島城を嫌い、内陸に高田城を築城して1614年に引っ越しました。その理由は福島城が洪水に弱かったからとか、忠輝が波の音が嫌いだったからとかいわれていますが、家康自身が海の近くの城があまり好きではなかったことを考えると、海から数キロメートル入った内陸部の台地の上というのは家康好みの立地だといえます。

岡崎《おかざき》城にあった家康が初めて城を築いて移転したのは浜松《はままつ》城ですし、次いで駿府《すんぷ》城（静岡市葵《あおい》区）に移っています。そして江戸城を離れて伏見城、次いで駿府城と住まいを替えていますが、いずれも内陸部です。つまり、高田城というのは家康好みの城なのです。

関ヶ原の戦いののち、**春日山藩**《かすがやま》も**福島藩**《ふくしま》もそれぞれ7年という短い寿命で高田藩となりました。

北陸のほかの県を見ていきますと、**百塚藩**《ひゃくづか》（富山市）というのは城をつくるつもりででできなかった幻の藩です。1639年に加賀百万石の前田利常が隠居するときに、次男利次《としつぐ》に越中《えっちゅう》（富山県）10万石、3男利治《としはる》に大聖寺7万石の分封をすることにしました。

利次は越中婦負《ねい》郡百塚に新城を築くつもりで百塚侍従と呼ばれていましたが、築城まで佐々成政の居城であり、一時期は利長が隠居城として使ったこともある富山城に仮住まいしました。ただし、富山城付近は金沢藩領であって、利次の領地ではなかったのです。財政難で築城は実現せず、富山城にそのまま居座ることになり、金沢藩と領地を交換して自領にしたというわけです。1659年のことで、これをもって幻の百塚藩は消滅しました。

歴史の大舞台なのに跡形もなくなった「清洲藩」

東海道新幹線の下り列車で名古屋《なごや》から少し先に進むと、金色や朱色が鮮やかな華麗な天守閣が線路の右脇に現れますが、これが清洲城です。もっとも、もともとの城跡ではありません。

場所も五条川《ごじょうがわ》の反対側でしたし、テーマパークみたいなもので、安土城などで採用された信長の時代の様式を再現しているため、江戸時代に新しい様式で建て直された城よりは、戦国時代をしのぶにはよいのではないかと思います。

このようなかたちで再現したのは、遺構も城下町も何も残っていないからです。名古屋城が建設されたのち、1612年ごろから「清洲越し」という引っ越しが行われ、武士、町人、3社110寺の神社仏閣がすべて移転させられ、さらにのちの水害で壊滅的な打撃を受けて城下町の跡も姿を消し、別の場所に宿場町として再建されたのが現在の清須市です。

清洲城は守護だった斯波氏や守護代《しゅごだい》だった織田大和守《やまとのかみ》家の居城でしたが、大和守家の分家である弾正忠家《だんじょうちゅうけ》の信長は守護と守護代の争いを利用して自分のものにしました。

信長が小牧山《こまきやま》(小牧《こまき》市)、岐阜、安土と移ったあとも尾張の中心として健在で、本能寺の変のあとに跡目を決める清洲会議が開かれ、その結果、信長の次男信雄の居城となり、信長の母親なども住んでいました。

天下統一を果たした秀吉は信雄に家康の旧領への移封を命じたのですが、これに難色を示したことから改易され、三好信吉(のちの豊臣秀次)が近江八幡から移ってきました。関白になったのちは父母(母親は秀吉の姉)が領地の管理をしていました。

秀次が失脚したのちは秀吉の親戚筋であったといわれる福島正則に与えられました。関ヶ原の戦いのあとには家康4男の松平忠吉が封じられました。忠吉は家康3男で2代将軍の秀忠と同母で、正室は井伊直政の娘でした。おとなしい秀忠と違って勇猛な武将で、関ヶ原の戦いでも先陣を切って戦って負傷したほどで、次男結城秀康と同等に扱われました。

しかし、1607年に病死したため、まだ幼児だった家康9男の義直が封じられ、家康は豊臣方との決戦に備えて、その前線基地ともいうべき城を築城することにしました。

工事は1610年に西国《さいごく》の諸大名による天下普請《てんかぶしん》（幕府が命じる公共事業）として開始されました。1616年に義直は名古屋に移り、**清洲《きよす》藩**は名古屋藩（尾張藩）に模様替えすることになりました。

名古屋城は家康の城と町づくりの集大成というべきものです。移転地の候補としては、ほかに信長が美濃攻めのころに居城とした小牧と、信長の父信秀《のぶひで》が居城したこともある古渡《ふるわたり》城（名古屋市中《なか》区）があります。古渡なら熱田《あつた》（宮《みや》）の港にも近く、城下町と港町は一体化するはずでしたが、家康はあえて内陸の名古屋を選びました。

天守閣は小堀遠州《こぼりえんしゅう》によるもので、白い壁が主体で飾り気がなく、最上階の高欄《こうらん》（手すり）もありませんでしたが、一点豪華主義的に巨大な金の鯱《しゃちほこ》が飾られていました。

島原の乱で幕府軍の指揮をとっていた**深溝《ふこうず》藩**（幸田《こうた》町）の板倉重昌《いたくらしげまさ》は平定にもたつき、目付《めつけ》として知恵伊豆《ちえいず》こと松平信綱《のぶつな》がやってくると聞き、玉砕攻撃をしかけて戦死しました。その子の重矩《しげのり》が藩庁を移して**中島《なかじま》藩**（岡崎市）となったため、深溝藩の名は消えました。

本庄《ほんじょう》氏は蛍大名といわれます。いささか品のない表現ですが、将軍の生母を出したおかげで大名になれたからです。本庄道芳《みちか》が5代将軍綱吉の母桂昌院《けいしょういん》の異母兄、つまり桂昌院の母が再婚した相手の先妻の子だったことから、孫の道章《みちあきら》が大名になったのです。

道章は1705年に美濃各務郡《かかみ》に**岩滝藩**《いわたき》（岐阜市）を立藩しましたが、4年後には陣屋を山県郡《やまがた》に移して高富藩《たかとみ》（山県市）となりました。

幻に終わった伊達政宗の「岩出山藩」百万石

さとう宗幸《むねゆき》の「青葉城恋唄《あおばじょうこいうた》」という歌が大ヒットしたことがありました。これは仙台城《せんだい》の別名です。メインストリートも青葉通《あおばどおり》といいます。

伊達氏は源頼朝の東北攻めのあと、陸奥伊達郡の地頭《じとう》となり、ここの地名を名字としました。のちに米沢に進出してそこを居城としていましたが、政宗のときに蘆名《あしな》氏を滅ぼして黒川《くろかわ》（会津若松市《あいづわかまつ》）に移りました。

しかし、大名間の私闘を禁じる惣無事令《そうぶじれい》に反するものと豊臣政権から糾弾されて米沢に戻されました。そののちに木村吉清《きむらよしきよ》に与えられた大崎地方や葛西《かさい》地方（石巻市《いしのまき》など）の土豪たちの反乱を煽動《せんどう》したということで、改易は免れたものの、米沢からこの葛西・大崎領に減封されて移されていました。

関ヶ原の戦いでは上杉氏を背後から攻めることを家康から期待され、百万石を約束されていましたが、実際には母の実家であり、上杉氏に攻められた最上氏が窮地に追い込まない程度に上杉軍を牽制していただけでした。

このために百万石は反故《ほご》となり、刈田郡《かったぐん》（白石市《しろいし》など）を加増されたにとどまりました。領地の重心が少し南に移ったのと、葛西・大崎地方の土豪たちの掌握も一段落ついていたため、大崎地方にあって要害の地形で防御に重点を置いた岩出山城《いわでやま》（大崎市）から、平野部にあって商業都市として発展しやすい仙台の地に築城しました。仙台がある宮城郡《みやぎ》は多賀城などもあり、古代から東北の中心として最適の場所でした。仙台藩は当初は**岩出山藩《いわでやま》**だったといえます。

仙台城もまだまだ防御への配慮がまさったもので、城は広瀬川《ひろせがわ》が蛇行しながら麓を流れる標高100mを超える絶壁の上に本丸があるという中世的な城地選定でした。山上の本丸に豪壮な桃山《ももやま》風の御殿を建設し、城下から見上げると、清水《きよみず》の舞台のような眺瀛閣《ちょうえいかく》が偉容を見せつけて天守閣の代わりになっていました。とはいえ、山上の御殿は毎日の登城に難儀であり、政宗自身は海に近い若林《わかばやし》城（仙台市若林区）にいることが多かったようですし、2代忠宗《ただむね》のときには少し低い河岸段丘上に二の丸御殿が設けられ、こちらが藩主の生活と統治の中心となりました。

東北地方では南部《なんぶ》氏が盛岡城を、津軽《つがる》氏が弘前《ひろさき》城を築いてそれぞれ福岡《ふくおか》城（二戸《にのへ》市）と堀越《ほりこし》城（弘前市）から移転しています。したがって、それまでは、それぞれ**福岡藩**《ふくおか》（九戸《くのへ》藩）、**堀越藩**《ほりこし》だったというべきです。

南部氏は山梨県の南部郷に興り、源頼朝の命で八戸《はちのへ》付近に定着しました。いくつもの分家に分かれており、南部信直《のぶなお》は三戸《さんのへ》南部氏です。それに反抗したのが九戸政実《くのへまさざね》の乱《らん》で、信直は蒲生氏郷らの援助で乗り切り、九戸城を福岡城と改めて居城としました。

南部氏は家臣だった津軽氏が秀吉のもとにいち早く駆けつけたことから独立を認めさせられ、青森県西部を割譲しました。秀吉は代わりに岩手県中部を南部氏の封土に加えたため、信直は蒲生氏郷の助言も得て、北上川《きたかみがわ》と中津川《なかつがわ》の合流点に突き出た台地の端に位置する不来方《こずかた》（盛岡市）を本拠とし、そこに畿内風の堅固な城と本格的な城下町を建設し、関ヶ原の戦いのあとに完成させて移転しました。

独立を認められた津軽（大浦《おおうら》）為信《ためのぶ》は弘前市西部にある大浦城から、いったん弘前市南東部の堀越城に移っていましたが、さらに岩木川《いわきがわ》東岸の河岸段丘の上にある高岡《たかおか》（鷹岡）と呼ばれた地に弘前城を築いて1611年ごろに移転しました。したがって、それまでは堀越藩というべき存在だったことになります。

秋田市という地名は明治になってから久保田《くぼた》がその所在の郡の名前である秋田と改称したものです。したがって、江戸時代には久保田藩だったということになります。

この地はもともと秋田氏の領地で、秋田港に近い湊《みなと》城を本拠としていました。関ヶ原の戦いのあとにこの地の領主となった佐竹氏は少し内陸に入った久保田の地に１６０４年に築城し、ここを本拠としました。

それまでは**湊藩**《みなと》だったということになります。秋田氏は蝦夷《えぞ》地《ち》とのかかわりも深い海に強い大名だったため、土崎湊《つちざきみなと》に近いところに居城を構えるのは自然です。ところが佐竹氏は常陸の内陸部の土豪出身ですから、内陸の久保田を選んだと見るべきでしょう。

三地方を監視可能な彦根城に地位を奪われた「佐和山藩」

安土城が築城されたとき、近江には長浜城に羽柴秀吉、坂本城に明智光秀、大溝《おおみぞ》城（高《たか》島《しま》市）に津田《つだ》（織田）信澄《のぶずみ》（信長の弟で謀反して殺された信行《のぶゆき》の遺児）があって、４つの城で湖上交通をしっかり抑えていました。

本能寺の変ののちに安土城がすぐに廃城になったのではなく、はじめは岐阜城で織田信孝の保護下にあった三法師丸がここに移され、仮普請《かりぶしん》で再建された城で年賀の挨拶を受けたりしました。

秀吉と織田信雄が手切れになると危険だということで、丹羽長秀が明智光秀のあとに城主となっていた坂本城に引き取って養育していました。坂本城は長秀の死後に廃城となり、1586年に浅野長政《ながまさ》が大津城を築いて移りました。比叡山《ひえいざん》を監視する必要もなくなり、港湾都市である大津を城下町として発展させるためでした。

安土周辺は三好信吉の領地になったのですが、このころ、愛知川《えちがわ》が運ぶ土砂のために安土が港湾としての機能を低下させていたため、八幡山に城を移転させ、安土の商人や寺社までほとんどがこちらに移りました。

秀次の清洲への移転後は京極高次の居城となりましたが、京極氏は大津城に移封になりました。もともと安土は織田氏の領国である美濃・尾張と京都を結ぶ中間点だから意味があったため、豊臣政権にとってはあまり意味がなかったからです。

秀吉が柴田勝家に長浜城を譲ったのち、湖北には大大名がいませんでした。1591年に石田三成が湖北の領主となりましたが、三成は自分の故郷である長浜ではなく佐和山を居城にしました。中山道《なかせんどう》を西上する東国《とうごく》の軍勢に睨《にら》みをきかせることを商業的な利益より優先させたわけです。

関ヶ原の戦いのあと、佐和山城は井伊直政に与えられたのですが、直政は新たな居城の選定を始めました。佐和山が東から来る軍勢に対抗するには好都合ですが、西から来る敵にはあまり堅固とはいえなかったということだと思います。

直政は関ヶ原の戦いでの傷がもとで翌年に死去し、あとを継いだ直継《なおつぐ》（のちの直勝《なおかつ》）が彦根城を築きました。芹川《せりがわ》が南を流れており、大坂方から攻められた場合にこれが防御ラインになりそうでした。天守閣は関ヶ原の戦いで損傷したものの耐え抜いた大津城の天守閣が移されました。こうして**佐和山藩**《さわやま》は1606年に彦根藩となったわけです。

大津城も東からの攻撃には強そうでしたが、京都方面から攻撃され、とくに三井寺観音《かんのん》堂《どう》あたりの高台から大砲を撃ち込まれて落城していたため、西からの攻撃を想定して南東の湖畔にある膳所（大津市）に移されました。

東海道を京都から大津を通って瀬田《せた》の唐橋《からはし》に向かう途中にあり、大津との中間で山地が琵琶湖《びわこ》に落ち込んでおり、防御ラインになっています。城は湖に浮かんだ水城ですが、周囲に見下ろすような高台はありません。

大津藩《おおつ》の最後の藩主で膳所藩の初代藩主は戸田一西で、徳川家として西日本で築いた城の第1号になりました。大津の商業都市機能はそのまま残されて幕府領となったため、膳所の城下町は石高のわりに小規模なものでした。戸田氏は尼崎《あまがさき》藩を経て大垣《おおがき》藩主となりました。

丹波では1608年に松平康重《やすしげ》が5万石で封じられ、篠山《ささやま》城を建設して翌年に移りました。大坂方への睨みをきかせるためで、藤堂高虎が築城の指揮にあたりました。移転にともなって**八上《やかみ》藩**（篠山市）は篠山藩となりました。

康重の家はもともと三河の名門の松井《まつい》氏で、松平姓を名乗ることを許されたものです。康重については家康の隠し子という説もあります。子孫は幕末には川越藩主でした。篠山城は青山《あおやま》氏のもとで幕末を迎えました。

家康は1611年には藤堂高虎に伊賀上野《いがうえの》城（伊賀市）を津城の支城として大改築させ、篠山、上野、彦根という3つの堅固な城をもって大坂包囲網としたのです。

権力の変転の挟間に消えた「伏見藩」「大坂藩」

伏見《ふしみ》藩とか**大坂《おおざか》藩**とかという言葉は聞き慣れませんし、普通の藩とは性格が違いますが、少し説明しておきます。

関ヶ原の戦いのあと、天下の支配権は豊臣家から徳川家に徐々に移っていったため、中途半端な状態が1615年の大坂夏の陣まで続きました。

そのあいだは伏見城が徳川家の西日本における拠点と位置づけられました。とくに1603年から2年間は家康が征夷大将軍《せいいたいしょうぐん》としてここにあったため、「伏見幕府」でした。その後も1607年までは大御所《おおごしょ》としての家康がここに住んでいました。

そのあとは松平定勝《さだかつ》（子孫は伊予《いよ》松山藩主）が5万石をもって在城したため、これを伏見藩ということもあります。ただし、伏見城は将軍家の城ですから、留守番のようなものでした。さらに内藤《ないとう》氏がありましたが、1619年に大坂城代《じょうだい》になって廃藩になりました。

関ヶ原の戦いから大坂夏の陣までの豊臣家を摂津、河内《かわち》、和泉《いずみ》（ともに大阪府）を領国とする大坂藩という人もいますが、豊臣家が徳川体制に組み込まれたことはなく、適切とは思いません。大坂夏の陣の家康は大坂城の将来をどうするか結論を出さなかったため、とりあえず孫の松平忠明《ただあきら》（奥平《おくだいら》家出身で家康の養子）が10万石とともに大坂に駐在することとなり、復興にあたりました。

しかし、1619年になって、2代将軍秀忠は大坂城を本格的に再建して徳川家の西日本における拠点として整備する一方、伏見城は廃城とし、京都における拠点は二条城を強化することにしました。ここまでの時期を大坂藩という呼び方をすることは可能だと思いますが、松平忠明が大和郡山城に移ったことで廃藩ということになりました。伏見城を廃止したことで、淀川《よどがわ》を行き交う舟を監視するために、新たに淀城が築かれています。淀殿が住んでいた淀城は少し離れたところにありましたが、伏見城の築城にともなって廃城になっていたのを、少し別の場所に復活させたわけです。

伯太《はかた》藩（和泉《いずみ》市）の渡辺《わたなべ》氏は三河出身の譜代大名で、先祖は多田源氏《ただげんじ》の渡辺綱《わたなべのつな》と伝えられています。**野本《のもと》藩**（東松山《ひがしまつやま》市）の藩主でしたが、一時的に**大井《おおい》藩**（藤井寺《ふじいでら》市）となり、いったん武蔵に復帰したのち、再び**大庭寺《おおばでら》藩**（堺市南《みなみ》区）、そして最後は伯太藩と、陣屋を次々と移しためずらしい例です。

織田家で大名として残ったのは信雄の子孫と信長の弟有楽斎長益《うらくさいながます》の子孫2家ずつです。長益の子のうち5男尚長《なおなが》の子孫は柳本《やなぎもと》藩（天理《てんり》市）となり、4男長政《ながまさ》の子孫は**戒重《かいじゅう》藩**（桜《さくら》井《い》市）として陣屋を構えましたが、のちに移転して芝村《しばむら》藩（桜井市）となりました。

「一国一城令」の発令で消えた城下町

元和《げんな》の一国一城令が出たりしたため、新しく城をつくることはほとんどなくなりました。しかし、大藩が分割されたりして、城主格の大名に居城がないときは例外でした。そのなかでも最大のものは福山城《ふくやま》のものです。

安芸《あき》、備後《びんご》（ともに広島県）両国は、関ヶ原の戦いのあとに福島正則に与えられ、広島城を居城としていましたが、城の無断修理を咎《とが》められ、1619年に改易されました。広島城は和歌山城主だった浅野長晟《ながあきら》に与えられ、備後の東部は水野勝成《みずのかつなり》に与えられました。

勝成は家康の母の弟の子で、若いころは狼藉《ろうぜき》を働いてたびたび出奔しましたが、大坂夏の陣では大功を立て、大和郡山を経て、1619年に**神辺藩**《かんなべ》（福山市）10万石を得て神辺城に入りました。

勝成は山間地にあった神辺に代わる新たな本拠地の築城を望み、福山城が築かれました。5層の天守閣を持ち、櫓《やぐら》、門、御殿などに伏見城の遺構を多く拝領するなど、江戸初期の築城ブームの集大成ともいえる名城です。1622年に移りました。

出雲は関ヶ原の戦いのあとに堀尾吉晴《ほりおよしはる》・忠氏《ただうじ》親子に与えられました。さしあたっては吉川氏の居城だった月山富田城《がっさんとだ》（安来市《やすぎ》）に入りましたが、山間地だったため、宍道湖《しんじこ》周辺の平野部に城地を求めることとして、いま松江城がある亀田山《かめだやま》という小山と、一畑《いちばた》電車の松江しんじ湖温泉駅の背後に広がる高台である洗合山《あらわいやま》を候補としました。

洗合山では大規模すぎる工事が必要となるということで亀田山が選ばれて松江城が築城さ

れ、1611年に移り、**富田藩**《とだ》は松江藩となりました。堀尾氏が築いた天守閣が残り、近年になって5番目の国宝天守に指定されました。

防長2カ国に押し込められた毛利氏は、とりあえず山口に落ち着きました。高嶺《こうのみね》（山口市）、桑山《くわのやま》（防府市）、指月山《しづきやま》（萩《はぎ》市）の3カ所を居城の候補としました。萩を選んだのが幕府と毛利氏の協議の結果で、幕府が押しつけたというわけではありません。

このころは一国一城令は出ていなかったため、毛利秀元の長府、吉川広家の岩国、それに萩の3拠点で領内を固め、さらに山口に居館を設ければよいというようなことでした。1604年には早くも毛利輝元も引っ越していますが、このときに山口藩から萩藩となったと見ることもできます。

黒田官兵衛の新たな築城で消えた城下町

筑前《ちくぜん》（福岡県）一国を与えられた黒田長政は、豊前中津《なかつ》から小早川隆景・秀秋が本拠とし、博多《はかた》湾の北端の小さい丘の上にあった名島《なじま》城（福岡市東《ひがし》区）に移ってきました。小早川隆景は安芸や伊予（愛媛県）での本拠地選定でもあまり城下町の発展に力点を置かず、水軍の根拠地としての機能を重視したように見えます。福岡藩は当初は**名島藩**《なじま》だったわけです。

しかし、黒田長政の父で築城の名人だった官兵衛《かんべえ》は城下町を重視していたため、博多と有機的に連携できる城地選定を考えました。いくつか候補がありましたが、住吉《すみよし》（博多区）はまったくの平地で防御が難しく、箱崎《はこざき》（東区）は河川が防御に使えるが水攻めに弱そうで、西公園《にし》（中央区《ちゅうおう》）のあたりは地盤が悪いということになって福崎《ふくざき》（中央区）が選ばれました。

南に丘陵が続くのが欠点ですが、西は低湿地、北は博多湾、東は那珂川《なかがわ》で、南も丁寧に防御戦を引けばよいと考えたようです。城地は古代には鴻臚館《こうろかん》という迎賓館が置かれ、近代にあっては西鉄《にしてつ》（現・埼玉西武《せいぶ》）ライオンズや福岡ダイエー（現・福岡ソフトバンク）ホークスの本拠地だった平和台《へいわだい》球場があったところです。

天守台はありますが、建築はされなかったか、されても短命だったようです。南の丘陵地帯からの砲撃で標的になりかねないため、不要だったと思います。

工事は1607年までかかり、その完成とともに名島城から移りました。

宮津《みやづ》城主だった細川忠興は、最初は中津城に入りましたが、交通便利な小倉《こくら》城を居城に選び、玄界灘《げんかいなだ》に面した海城を築いて1607年に完成しました。

文禄・慶長の役のころに名護屋城《なごや》（唐津市《からつ》）の築城や周辺の管理、長崎奉行などを務めていた寺沢広高《てらざわひろたか》は半島からの引き揚げが終わったのち、名護屋城の古材なども使って唐津城を築き、1608年に完成しています。それまでは名護屋城で領内の統治を行っていたと考えられるため、1608年まで**名護屋藩**《なごや》だったことになります。

薩摩の島津氏は分家の伊作家《いざき》が本家を継承し、大隅《おおすみ》（鹿児島県）支配にも便利なように鹿児島郡に移ってきました。島津4兄弟の父貴久《たかひさ》のときです。はじめは東福寺城《とうふくじ》（現在の多賀山《たがやま》公園）、次いで清水城《しみず》（同清水中学校。異説あり）、さらに内城《うち》（同大龍《だいりゅう》小学校）へと移りましたが、いずれも市街地でも東北部で、稲荷川《いなりがわ》の流域でした。

篤姫《あつひめ》の生誕地や島津家の墓地があります。関ヶ原の戦いのあと、城山の下に島津忠恒が鶴丸城《つるまる》を築いて移りました。背後に峻険《しゅんけん》な城山があり、麓に本丸と二の丸がありました。いずれも市内の近い場所のため、関ヶ原の戦いの前から鹿児島藩という理解にしておきます。

戦国時代に島原半島を領した有馬氏は南部の原城《はらじょう》（南島原市《みなみしまばら》）や、のちには日野江城《ひのえ》（南島原市）を本拠にして**日野江藩**《ひのえ》となっていましたが、有馬晴信《はるのぶ》は本多正信《まさのぶ》と大久保忠隣《おおくぼただちか》の紛争に巻き込まれて失脚し、息子の直純《なおずみ》は延岡《のべおか》に移封になったため、大和**五條藩**《ごじょう》主で筒《つつ》井氏《い》旧臣の松倉重政《まつくらしげまさ》が日野江城に入りました。しかし、重政は雲仙《うんぜん》連峰の麓の高台で、海にも近い森岳《もりたけ》に超豪華な城を築いて島原と改称しました。1624年のことです。

府内《ふない》藩は明治になってから大分と改称しました。その藩主は大給《おぎゅう》松平家です。松平忠昭《ただあき》が1634年に伊勢亀山《かめやま》藩から豊後に陣屋を置いて**亀川《かめかわ》藩**（宇佐《うさ》市）となりましたが、**中《なか》津《つ》留《る》藩**、**高松《たかまつ》藩**（ともに大分市）と移りました。府内城主となりましたが、領地はあまり重なっていないため、領内の移転ではなく、移封として分類しました。

12回も引っ越しさせられた松平大和守家

家康次男の秀康は母親が側室というより、お手つきのようなものだったため後継者とは見られず、豊臣秀吉の養子となり、次いで関東の名門である結城氏を継ぎました。関ヶ原の戦いのあとに松平に復しましたが（子の忠直《ただなお》からの可能性もある）、5男直基《なおもと》に結城姓を継がせました。

しかし、越前勝山《かつやま》藩3万石となったあとで松平に改姓して結城氏は消滅しましたが、祭《さい》祀《し》は継承しています。その子孫は松平大和守家と呼ばれ、大野《おおの》藩（福井県）、山形藩から1648年に姫路藩15万石になりました。

2代直矩《なおのり》は「引っ越し大名」といわれ、村上《むらかみ》藩にいったん移されたあとで姫路に戻りますが、高田藩をめぐる越後騒動に連座して閉門とされ、**日田藩**《ひた》7万石、山形藩10万石、白《しら》河《かわ》藩15万石と移されました。

5代朝矩《とものり》は姫路を経て、1767年に酒井家と交代で前橋《まえばし》に移りましたが、利根川《とねがわ》の氾濫で城が破損したため川越を本拠とし、ここに前橋（厩橋《うまやばし》）藩はいったん消滅しました。

8代斉典《なりつね》は財政難打開のために11代将軍家斉《いえなり》の25男紀五郎（のちの松平斉省《なりさだ》）を養子に取り、庄内への移封を策しましたが、庄内藩では豪商の本間《ほんま》家に領国経営を丸投げしているという特殊事情もあり、本間家を中心とした猛反対で撤回させられ、その代替に2万石の加増を受けました。

幕末の11代直克《なおかつ》は久留米藩有馬氏からの養子で、幕府の政事総裁職《せいじそうさいしょく》を務め、居城を前橋に戻しました。生糸や絹の取引で豊かになった前橋の商人たちの寄付も、その理由のひとつでした。

松平大和守家の引っ越しについては図表2にまとめました。

織田信雄の4男信良《のぶよし》の子孫は小幡《おばた》藩（甘楽《かんら》町）の藩主で、石高は2万石でしたが、国主格で官位も国持大名《くにもちだいみょう》並みの従四位下でした。ところが勤王家の山県大弐《やまがただいに》が弾圧された明和《めいわ》事件に巻き込まれて出羽に移されました。最初は置賜地方の**高畠藩**《たかはた》でしたが、のちに飛び

図表2　大名の引っ越しと廃藩の代表例

＊以下の図表の石高の単位は万石。

駿府（静岡）藩

年	領主	石高	備考
1590	中村氏	14	米子に移封
1601	内藤氏	4	長浜に移封
1607	家康隠居城		1616まで
1609	徳川頼宣	50	紀州に移封
1619	幕府領		
1624	徳川忠長	55	改易
1632	幕府領		
1868	徳川氏	70	廃藩置県

陸奥福島藩

年	領主	石高	備考
1592	蒲生領		木村吉清城代
1598	上杉領		はじめ城代、一時廃城
1664	幕府領		
1679	本多氏	15	姫路に移封
1682	幕府領		
1686	堀田氏	10	山形に移封
1700	幕府領		
1702	板倉氏	3	重原（刈谷市）に移封
1868	新政府領		福島県に

松平大和守家（結城松平）の引っ越し

年	領地	石高	備考
1607	-	0.5	結城家を相続
1624	越前 勝山藩	3	
1635	越前 大野藩	5	
1644	出羽 山形藩	15	
1648	播磨 姫路藩	15	
1649	越後 村上藩	15	
1667	播磨 姫路藩	15	
1682	豊後 日田藩	7	
1686	出羽 山形藩	9	
1692	陸奥 白河藩	15	
1741	播磨 姫路藩	15	
1749	上野 前橋藩	15	
1767	武蔵 川越藩	15→17	居城移転、前橋藩は廃藩
1867	上野 前橋藩	17	居城移転、川越は松井松平氏の居城に

奥平松平家（松平忠明の子孫）の引っ越し

年	領地	石高	備考
1602	三河 作手藩	2	廃藩
1610	伊勢 亀山藩	5	
1615	摂津 大坂藩	10	幕府領となり廃藩
1619	大和 郡山藩	12	
1639	播磨 姫路藩	18	
1648	出羽 山形藩	15	
1668	下野 宇都宮藩	15	
1681	陸奥 白河藩	15	
1692	出羽 山形藩	10	
1700	備後 福山藩	10	
1710	伊勢 桑名藩	10	
1823	武蔵 忍藩	10	桑名・白河・忍の三角トレード

＊石高は注釈がないかぎり、その大名の最大時。
〈出典〉各種資料より筆者作成。

地に移って天童藩となりました。武士の内職として、将棋の駒づくりが地場産業になりました。

谷田部《やたべ》藩（つくば市）の藩主として幕末を迎えた細川氏は幽斎次男の興元《おきもと》です。はじめは茂木《もてぎ》藩でしたが、1616年に加増されて谷田部に移り、茂木の陣屋も引き続き使いました。ただし、1871年に9代興貫《おきつら》が藩庁を茂木に移して茂木藩が復活しましたが、同年7月には廃藩置県で廃藩となりました。

幕府領となって消えた「日田藩」「高山藩」

移封による廃藩のほとんどは1万石とか2万石しかない譜代の小大名であって、領地も1カ所ではないことが多く、政庁といっても規模は小さく、ミニ城下町というほどのものすらないことが多かったのです。

多くは江戸や大坂の周辺で、江戸時代の初期には小大名が軍事拠点を構えて警備にあたっていたのですが、天下泰平のなかで、そんな必要もなくなりました。そういうところでは庄屋《しょうや》などが支配を代行し、その代わりに年貢《ねんぐ》の取り立てもさほど厳しくないことが多かったのです。

治安維持はどうしていたかというと、いざとなれば幕府が乗り出しますが、日常的には自警団やヤクザまがいの親分が代行しているようなこともありました。

近藤勇《こんどういさみ》など新撰組《しんせんぐみ》の主要メンバーに農民出身者が多いのも、農民が剣術などを習って治安維持に参加していたことの反映で、大きな藩では考えにくいことです。

国定忠治《くにさだちゅうじ》のようなヤクザが関東などにやたら多かったのも、幕府領、旗本領、大名の飛び地などが入り乱れて統一的な警察組織が成立していなかった関東の特殊事情の反映だったわけです。

移封にともなう廃藩については章末の図表3をごらんいただく以上の説明をする必要もないものがほとんどです。たとえば幕府領（俗にいう天領）の中心都市になったものもあります。

大分県日田市には西国筋郡代《さいごくすじぐんだい》という九州一円の幕府領を統括する重要組織が置かれていました。鉄道の時代にはローカル線しか通らない僻地《へきち》ですが、筑後川《ちくごがわ》の上流にあり、九州のまさに真ん中に位置するこの地は、水運と徒歩による交通の時代には要地でしたし、林業の集散地としても重要でした。

儒者の広瀬淡窓《ひろせたんそう》が幕末に咸宜園《かんぎえん》を開いたのもここで、江戸時代における最高というよりは唯一の高水準のハイスクールだったといっても過言ではありませんでした。

大友氏が文禄・慶長の役における臆病な行動を責められて改易されたのち、関ヶ原の戦いのころには毛利高政《たかまさ》が２万石で日隈《ひのくま》城にあり、**日田藩**《ひた》が発足しました。関ヶ原の戦いののち、毛利氏が佐伯《さいき》に移封されると、１６０１年に小川光氏《おがわみつうじ》が入り、さらに１６１６年に石川忠総《ただふさ》が６万石で入り、月隈山《つきくまやま》の丸山《まるやま》城に入りました。

その後、幕府領の時代を経て、１６８２年に姫路から減封で松平直矩（子孫は前橋藩）が７万石で入封し、このまま定着したら石高にふさわしい修築がされるはずでしたが、４年後には山形藩に移封となり、そののちは幕府直轄領となりました。

西国筋郡代の代官所は丸山城改め永山《ながやま》城の麓に置かれました。明治になって日田県知事として赴任した松方正義《まつかたまさよし》はここで辣腕を振るい、その成功で出世街道を突き進むことになります。

大名の移封の結果として廃藩になったというのは、数としては多いのですが、ほとんどは城などを持たない小藩の場合で、城に代わる陣屋といっても、城下町というほどのものをなしていないことが多かったのです。

１万石とか２万石の領地すら１カ所にまとまっているわけではないことが多く、政庁といっても、あちこちに土地を持つ不動産会社の本社みたいなものにすぎないことも多かったのです。

飛騨高山《ひだたかやま》の町をつくった金森長近《ながちか》は大野藩、次いで高山藩に封じられ、**上有知藩**《こうずち》（美濃《みの》市）も所領としました。この3都市は茶人であるとともに都市づくりの達人だった長近の傑作です。その死後、上有知藩は実子の長光《ながみつ》が継ぎましたが、1611年に没して無嗣断絶しました。

図表3　消えた藩名の一覧

理由	現府県	令制国	藩名	よみ	大名	石高	年	現自治体
移転	秋田	出羽	湊	みなと	佐竹	20	1604	秋田市
	山形		高畠	たかはた	織田	2	1831	高畠町
	青森	陸奥	堀越	ほりこし	津軽	5	1611	弘前市
	岩手		岩出山	いわでやま	伊達	62	1601	大崎市
			福岡	ふくおか	南部	10	1615	二戸市
	茨城	常陸	真壁	まかべ	浅野	5	1622	桜川市
	千葉	上総	貝渕	かいぶち	林	1	1850	木更津市
	新潟	越後	福島	ふくしま	松平	75	1614	上越市
			蔵王堂	ざおうどう	堀	4	1616	長岡市
			藤井	ふじい	稲垣	2	1620	柏崎市
			春日山	かすがやま	堀	45	1607	上越市
	富山	越中	百塚	ひゃくづか	前田	10	1659	富山市
	福井	若狭	後背山	のちせやま	京極	9	1601	小浜市
	愛知	三河	奥殿	おくどの	松平	2	1863	岡崎市
			深溝	ふこうず	板倉	2	1639	幸田町
		尾張	清洲	きよす	徳川	47	1610	清須市
	岐阜	美濃	岩滝	いわたき	本庄	1	1709	岐阜市
	三重	伊勢	上野	うえの	分部	2	1619	津市
	大阪	摂津	茨木	いばらき	片桐	3	1601	茨木市
		河内	大井	おおい	渡辺	1	1661	藤井寺市
		和泉	大庭寺	おおばでら	渡辺	1	1727	堺市
	滋賀	近江	大津	おおつ	戸田	3	1601	大津市
			佐和山	さわやま	井伊	19	1606	彦根市
	奈良	大和	戒重	かいじゅう	織田	1	1745	桜井市
	兵庫	丹波	八上	やかみ	松平	5	1609	篠山市
	島根	出雲	富田	とだ	堀尾	24	1611	安来市
	広島	備後	神辺	かんなべ	水野	10	1619	福山市
	岡山	備前	児島	こじま	池田	3	1649	倉敷市
	山口	周防	下松	くだまつ	毛利	5	1650	下松市
	愛媛	伊予	国府	こくふ	藤堂	20	1604	今治市
	高知	土佐	浦戸	うらど	山内	20	1603	高知市
	福岡	豊前	香春	かわら	小笠原	15	1867	香春町
		筑前	名島	なじま	黒田	52	1607	福岡市
	佐賀	肥前	名護屋	なごや	寺沢	8	1608	唐津市
	大分	豊後	竜王	りゅうおう	松平	3	1639	宇佐市
			亀川	かめがわ	松平	2	1635	別府市
			中津留	なかつる	松平	2	1642	大分市
移封	山形	出羽	村山	むらやま	本多	1	1699	村山市
	宮城	陸奥	岩沼	いわぬま	田村	3	1681	岩沼市
	福島		桑折	こおり	松平	2	1747	桑折町
			梁川	やながわ	松前	1	1821	伊達市
			白河	しらかわ	阿部	10	1866	白河市
			石川	いしかわ	本多	1	1681	石川町
			浅川	あさかわ	本多	1	1681	浅川町
			白河新田	しらかわしんでん	松平	1	1728	白河市
			下村	しもむら	田沼	1	1823	福島市
	茨城	下総	山川	やまかわ	水野	4	1635	結城市
	千葉		井野	いの	本多	0	1613	取手市
			山崎	やまざき	岡部	1	1609	野田市
			臼井	うすい	酒井	3	1604	佐倉市
			岩富	いわとみ	北条	1	1613	佐倉市
			矢作	やはぎ	三浦	1	1639	香取市
			舟戸	ふなど	本多	1	1702	柏市
		上総	勝浦	かつうら	大岡	2	1756	勝浦市

理由	現府県	令制国	藩名	よみ	大名	石高	年	現自治体
移封	千葉	上総	八幡	やわた	大久保	1	1698	市原市
			姉崎	あねがさき	松平	2	1624	市原市
			高滝	たかたき	板倉	2	1699	市原市
			百首	ひゃくしゅ	松平	1	1640	富津市
			苅谷	かりや	堀	1	1668	いすみ市
		安房	東条	とうじょう	西郷	1	1692	鴨川市
			北条	ほうじょう	水野	2	1827	館山市
	茨城	常陸	額田	ぬかた	松平	2	1700	那珂市
			太田	おおた	中山	1	1803	常陸太田市
			北条	ほうじょう	堀田	2	1688	つくば市
			小張	こはり	松平	2	1682	つくばみらい市
			古渡	ふっと	丹羽	1	1619	稲敷市
	栃木	下野	那須	なす	那須	1	1681	大田原市
			板橋	いたばし	松平	1	1617	日光市
			小山	おやま	本多	5	1619	小山市
			富田	とみた	北条	1	1619	栃木市
			鹿沼	かぬま	内田	2	1724	鹿沼市
			皆川	みながわ	米倉	1	1722	栃木市
			真岡	もおか	稲葉	4	1632	真岡市
			山川	やまかわ	太田	2	1638	足利市
			西方	にしかた	藤田	2	1615	栃木市
			上田	うえだ	西郷	1	1693	壬生町
	群馬	上野	大胡	おおご	牧野	2	1616	前橋市
			総社	そうじゃ	秋元	2	1633	前橋市
			那波	なわ	酒井	2	1662	伊勢崎市
			篠塚	しのづか	松平	2	1747	邑楽町
			青柳	あおやぎ	近藤	1	1619	館林市
	埼玉	武蔵	騎西	きさい	大久保	2	1632	加須市
			久喜	くき	米津	1	1798	久喜市
			本庄	ほんじょう	小笠原	1	1612	本庄市
			深谷	ふかや	酒井	5	1627	深谷市
			瓶尻	みかしり	三宅	0	1604	熊谷市
			石戸	いしど	牧野	1	1644	桶川市
			野本	のもと	渡辺	1	1698	東松山市
			赤沼	あかぬま	内藤	2	1703	鳩山町
			原市	はらいち	西尾	1	1616	上尾市
			鳩谷	はとがや	阿部	3	1617	川口市
	神奈川	相模	玉縄	たまなわ	松平	2	1703	鎌倉市
	新潟	越後	安田	やすだ	堀	3	1644	阿賀野市
			三条	さんじょう	稲垣	2	1651	三条市
			長峯	ながみね	牧野	5	1618	上越市
			坂戸	さかと	堀	5	1610	南魚沼市
			高柳	たかやなぎ	丹羽	1	1739	妙高市
	石川	加賀	野々市	ののいち	土方	2	1622	野々市市
		能登	西谷	にしやち	水野	1	1700	七尾市
	福井	若狭	木本	このもと	松平	3	1635	大野市
	長野	信濃	坂木	さかき	板倉	2	1702	坂城町
	山梨	甲斐	谷村	やむら	秋元	2	1704	都留市
			府中	ふちゅう	柳沢	15	1724	甲府市
	静岡	遠江	久野	くの	松下	2	1640	袋井市
	愛知	三河	新城	しんしろ	水野	1	1645	新城市
			伊保	いぼ	本多	2	1710	豊田市
			作手	つくで	松平	2	1610	新城市
			中島	なかじま	板倉	5	1672	蒲郡市

理由	現府県	令制国	藩名	よみ	大名	石高	年	現自治体
移封	愛知	三河	形原	かたのはら	松平	1	1619	蒲郡市
			大浜	おおはま	水野	1	1777	碧南市
		尾張	緒川	おがわ	水野	0	1606	東浦町
	岐阜	飛騨	高山	たかやま	金森	4	1692	高山市
	三重	伊勢	西条	さいじょう	有馬	1	1781	鈴鹿市
			田丸	たまる	稲葉	5	1616	玉城町
			八田	やった	加納	1	1826	四日市市
	滋賀	近江	長浜	ながはま	内藤	4	1615	長浜市
			堅田	かたた	堀田	1	1826	大津市
			高島	たかしま	佐久間	2	1616	高島市
	京都	山城	伏見	ふしみ	内藤	5	1619	京都市
			長岡	ながおか	永井	1	1649	長岡京市
	大阪	河内	西代	にしだい	本多	1	1732	河内長野市
			高安	たかやす	牧野	4	1688	八尾市
		摂津	大坂	おおざか	松平	10	1619	大阪市
			中島	なかじま	稲葉	5	1624	大阪市
	兵庫	淡路	洲本	すもと	池田	3	1615	洲本市
		播磨	平福	ひらふく	池田	3	1631	佐用町
			佐用	さよ	池田	3	1631	佐用町
	奈良	大和	松山	まつやま	織田	3	1695	宇陀市
			興留	おきどめ	松平	1	1693	斑鳩町
			新庄	しんじょう	永井	1	1863	葛城市
			五条	ごじょう	松倉	1	1616	五條市
	鳥取	伯耆	矢橋	やばせ	市橋	2	1616	琴浦町
			米子	よなご	加藤	6	1617	米子市
	島根	石見	吉永	よしなが	加藤	1	1682	大田市
	岡山	備中	西江原	にしえばら	森	2	1706	井原市
		美作	津山新田	つやましんでん	森	2	1697	津山市
			宮川	みやがわ	森	2	1697	津山市
	長崎	肥前	日野江	ひのえ	有馬	4	1614	南島原市
	熊本	肥後	富岡	とみおか	戸田	2	1671	苓北町
	大分	豊後	隈府	わいふ	森	2	1601	日田市
			日田	ひた	松平	7	1686	日田市
			高松	たかまつ	松平	2	1658	大分市
			高田	たかだ	松平	3	1645	豊後高田市
改易	宮城	陸奥	中津山	なかつやま	伊達	3	1699	石巻市
	福島		菊多	きくた	土方	2	1684	いわき市
			岩瀬	いわせ	本多	1	1693	須賀川市
	茨城	常陸	片野	かたの	滝川	2	1625	石岡市
			玉取	たまとり	堀	1	1679	つくば市
	群馬	上野	藤岡	ふじおか	依田	3	1600	藤岡市
			大戸	おおと	岡	1	1615	東吾妻町
			三之倉	さんのくら	松平	2	1606	高崎市
	埼玉	武蔵	高坂	たかさか	加々爪	1	1681	東松山市
	東京		喜多見	きたみ	喜多見	2	1689	世田谷区
	新潟	越後	沢海	そうみ	溝口	1	1687	新潟市
	石川	加賀	大聖寺新田	だいしょうじしんでん	前田	1	1709	加賀市
	山梨	甲斐	徳美	とくみ	伊丹	1	1698	甲州市
	長野	信濃	長沼	ながぬま	佐久間	1	1688	飯山市
			川中島	かわなかじま	福島	3	1624	長野市
	静岡	駿河	興国寺	こうこくじ	天野	1	1607	沼津市
			川成島	かわなりしま	本郷	1	1858	富士市
	愛知	三河	足助	あすけ	本多	1	1689	豊田市
	岐阜	美濃	徳野	とくの	平岡	1	1653	可児市

理由	現府県	令制国	藩名	よみ	大名	石高	年	現自治体
改易	岐阜	美濃	本江	ほんごう	稲葉	1	1618	羽島市
			青野	あおの	稲葉	1	1684	大垣市
			清水	きよみず	稲葉	1	1607	揖斐川町
	三重	伊勢	林	はやし	織田	1	1615	津市
	滋賀	近江	小室	こむろ	小堀	1	1788	長浜市
			山路	やまじ	佐久間	1	1688	彦根市
	京都	山城	御牧	みまき	津田	1	1607	久御山町
	奈良	大和	布施	ふせ	桑山	1	1682	葛城市
	高知	土佐	中村	なかむら	山内	3	1689	四万十市
吸収	千葉	上総	潤井戸	うるいど	永井	2	1626	市原市
	栃木	下野	大宮	おおみや	堀田	2	1694	栃木市
	群馬	上野	板鼻	いたはな	酒井	3	1636	安中市
	福井	越前	松岡	まつおか	松平	5	1721	永平寺町
			葛野	かずらの	松平	4	1705	越前町
			吉江	よしえ	松平	3	1674	鯖江市
	三重	伊賀	名張	なばり	藤堂	2	–	名張市
	滋賀	近江	江州新田	ごうしゅうしんでん	井伊	1	1734	彦根市
	徳島	阿波	富田	とみた	蜂須賀	5	1725	徳島市
	愛媛	伊予	松山新田	まつやましんでん	松平	1	1765	松山市
	福岡	筑前	東蓮寺	とうれんじ	黒田	5	1720	直方市
		筑後	松崎	まつざき	有馬	1	1684	小郡市
廃絶	三重	伊勢	松坂	まつざか	古田	6	1619	松阪市
		伊賀	上野	うえの	筒井	20	1615	伊賀市
分割	秋田	出羽	仁賀保	にかほ	仁賀保	1	1624	にかほ市
	静岡	遠江	井伊谷	いいのや	近藤	2	1619	浜松市
	滋賀	近江	大森	おおもり	最上	1	1632	東近江市
			朽木	くつき	朽木	1	1632	高島市
無嗣	山形	出羽	丸岡	まるおか	加藤	1	1653	鶴岡市
			大山	おおやま	酒井	1	1668	鶴岡市
			左沢	あてらざわ	酒井	1	1647	大江町
	栃木	下野	榎本	えのもと	本多	3	1640	栃木市
	千葉	下総	大輪	おおわ	土井	1	1677	常総市
			栗原	くりはら	成瀬	2	1638	船橋市
	群馬	上野	白井	しらい	本多	1	1623	渋川市
			豊岡	とよおか	根津	1	1626	安中市
	埼玉	武蔵	小室	こむろ	伊奈	1	1619	伊奈町
	福井	越前	高森	たかもり	本庄	5	1711	越前市
	岐阜	美濃	揖斐	いび	西尾	3	1623	揖斐川町
			上有知	こうずち	金森	2	1611	美濃市
			関	せき	大島	2	1604	関市
	大阪	摂津	味舌	ました	織田	1	1621	摂津市
		和泉	陶器	とうき	小出	1	1696	堺市
			谷川	たにがわ	桑山	1	1609	岬町
	兵庫	播磨	姫路新田	ひめじしんでん	酒井	1	1817	姫路市
			新宮	しんぐう	池田	1	1670	たつの市
	奈良	大和	竜田	たつた	片桐	1	1655	斑鳩町
			御所	ごせ	桑山	3	1629	御所市
	鳥取	伯耆	倉吉	くらよし	里見	3	1622	倉吉市
			黒坂	くろさか	関	5	1618	日野町
	広島	備後	三次	みよし	浅野	5	1720	三次市

石高が0のものは1万石以下。なお、但馬清富藩（宮城氏、新温泉町）、遠江掛塚藩（加々爪氏、磐田市。武蔵高坂藩と同一）の存在を指摘する説もあるが、少数説のため本書では省略する。

〈出典〉藤井貞文、林陸朗監修『藩史事典』（秋田書店）など各種資料より筆者作成。

第4章

「反乱の疑い」で消えた藩

「豊臣関白」「徳川将軍」は両立可能だった

江戸時代を通じて、名称として消えた藩は図表3（第3章末）のとおりです。しかし、ここには大きな藩はあまりありません。要地には別の殿さまがやってくることが普通だからです。

名称はそうしたかたちで残るにせよ、殿さまや家来たちは追われてしまったという大名取りつぶしは枚挙にいとまがありません。

ここでは、その原因別にお家取りつぶしの諸相を見ていきましょう。大名の取りつぶしといっても、いったん取りつぶしにしたうえで、ただちに新しい藩として認めたケースとのあいだにはっきり線を引けませんし、数十万石から一気に1万石ということもあるため、改易だけではなく減封も少し入れてあります。章末の図表4がその一覧です。

最初に取り上げるのは、謀反とか、徳川幕藩体制への抗議といった性格のものです。江戸時代における最大の反乱は、いうまでもなく大坂冬の陣・夏の陣です。

かつては、関ヶ原の戦いや家康の将軍就任のあと、豊臣家は摂津、河内、和泉67万石の大名になったという人もいましたが、最近はそういう考え方をする人はいなかったと思います。

豊臣家からすれば、最後まで徳川家も家臣だという意識だったわけで、しいていえば二重公儀制ということになります。

征夷大将軍はすべての武士の上に君臨すると思っている人も多いのですが、将軍よりは摂関や太政大臣のほうが上です。公家たちは家康が将軍になり、秀頼が関白になるかもしれないと噂《うわさ》しており、将軍の地位はわれわれが考えるほど高くなかったのです。

ですから、たとえば豊臣関白家が会長で徳川将軍家が社長とか、豊臣に天下は戻るが関東は徳川将軍家に任せるという解決もありえたのです。このとき、秀頼の内大臣昇任と秀忠の娘の千姫《せんひめ》が輿入《こしい》れしていますし、その2年後の秀忠の将軍就任についても、「徳川の天下が永続することを確定させた」という人が多いのですが、これも秀頼の右大臣《うだいじん》昇任がなされており、いずれ秀頼が関白になることが予想されていたのです。

秀頼の成人と、家康がどこまで生きられるかの競争のなかで、家康は必死に東西両政権のバランスを東の比重が高いものに変質させ、秀頼が関白になっても東国を確保できる手立てを講じていました。しかし、秀頼を一大名にするということは大変です。天下人としての秀頼を否定する口実がないし、秀頼の官位が義父である将軍秀忠より上だったのですから、この親子が会えば、秀頼が上座に座らざるをえなかったのです。

この東西分割論が成立しなかったのは、家康が長生きしすぎて欲が出てきたのと、千姫に子どもが生まれなかったからです。秀頼には1608年とその翌年に側室とのあいだに子どもが生まれたのですが（国松《くにまつ》、天秀尼《てんしゅうに》）、そのあとは子どもがいません。これは秀頼が千姫とのあいだに子どもをつくろうと努力していた証拠だと思います。豊臣と徳川の両方、さらには織田の血まで受け継いだ子どもが生まれたら、さまざまな妥協が可能になっていたでしょう。

重大なのが二条城会談の失敗です。このときに秀頼が頼りなげに見えれば家康は安心したのですが、大柄で姿もよく、意外にしっかりしていることを発見しました。要領よく立ち回るようなタイプではないし、カリスマ性があるということです。

京都の町を進むとき、加藤清正は愚かにも扉を開けて秀頼の姿を見せ、京都の市民は豊臣復活の日が近いことに歓喜しました。ここで秀頼が賢明に角《つの》を隠しておれば、と思います。この会談の直後には加藤清正、浅野幸長、前田利長、池田輝政ら調停役となりうる人々が、偶然かどうか、次々と死去しています。

家康は方広寺《ほうこうじ》鐘銘《しょうめい》事件を無理やり引き起こして大坂の陣を開始しました。家康が死んだのは大坂夏の陣の翌年だったため、強引にカタをつけたのはよい判断だったかもしれませんが、家康は鐘銘事件と大坂城内堀埋め立てという正統性に傷をつける卑劣な手段を使うことになり、幕末の動乱の伏線を残したのです。

大坂の陣で徳川方と大坂方の両方に保険をかけた大大名

大坂冬の陣・夏の陣では、徳川方は、豊臣恩顧の武将には、本人は江戸で人質同様に軟禁したり、万が一裏切っても大事にならないような布陣にしたりと工夫をこらしたため、有力な大名が西軍につくことはありませんでした。

もちろん有力な大名のなかにはそれなりに保険をかける者もいました。細川家では忠興とガラシャの次男興秋《おきあき》が大坂城に入りました。これは長男忠隆《ただたか》が前田利家の娘だった妻がガラシャとともに自害しなかったことを咎められて廃嫡になったあと、3男ながら徳川との結びつきが強かった忠利《ただとし》が跡取りになったため、不満に思ったのかもしれませんが、お家安泰のために忠興が保険をかけたのかもしれません。

しかし、興秋は大坂落城後に忠興によって自害させられました。

長州の毛利氏も大坂冬の陣が起きると微妙な動きを見せました。豊臣方からの誘いに公式に乗ることはありませんでしたが、一門の内藤元盛《もともり》を佐野道可《さのどうか》と名乗らせて大坂方に送り込んだのです。元盛は毛利氏筆頭家老の宍戸元秀《ししどもとひで》（毛利元就外孫）の次男で、伯父である内藤隆春《たかはる》の婿養子となっていました。内藤家は輝元の母の実家です。

戦況が膠着状態に陥って長引くことになって、そのあいだに高齢の家康が死ぬことでもあれば天下はどう転ぶかわからないと、輝元や秀元らは考えたらしいのです。九州の諸大名のもとに間諜《かんちょう》をつかわして城郭の調査をしていた形跡もあります。状況によっては西日本の盟主として復活を狙う考えがあったに違いありません。

しかし、豊臣氏はあっけなく滅亡し、大坂城落城後に佐野道可こと内藤元盛は捕縛されてしまい、単独行動だと言い張ったまま自刃しました。幸い幕府からは元盛の件についてはなんの咎めもありませんでした。

真田幸村《ゆきむら》が家康を追いつめるなどさんざん苦しめたにもかかわらず、兄の信幸《のぶゆき》はその後、なんのお咎めも不利もこうむっていないのですから、元盛のことが不問に付されても不思議はありません。

輝元の嫡子秀就は家康次男の結城秀康の娘を正室にしており、大坂の陣では越前松平一門として徳川方として参戦しており、少しくらい保険をかけたくらいは許せると考えたのでしょう。

豊臣との関係を疑われて消えた藩

豊臣方に内通したとして処分された可能性がある大名もいくつかあります。

ひとりは福島正則の弟高晴《たかはる》です。伊勢長島1万石で、関ヶ原の戦いでは兄とともに東軍に与して会津攻めや桑名の氏家行広《うじいえゆきひろ》を攻めました。戦後に大和宇陀松山《うだまつやま》3万石に加増移封されていました。

大坂夏の陣のあと、1615年に改易されました。その原因については、家臣への専横な振る舞いから、家臣が家康に訴えたことに怒って、駿府町奉行の許可なく大手門《おおてもん》付近でその家臣を捕らえる事件を起こしたためとされています。しかし、福島正則が大坂方とも通じていたことに対する見せしめという人もいます。改易後は伊勢山田《やまだ》（伊勢市）に蟄居し、孫の忠政は旗本として500石を与えられました。

茶人として古田織部《ふるたおりべ》という名で知られる古田重然《しげなり》は山口《やまぐち》城（本巣《もとす》市）城主の家に生まれ、摂津の中川清秀《なかがわきよひで》の妹と結婚して行動をともにしました。清秀は賤ヶ岳の戦いで戦死したため、その子秀政《ひでまさ》の後見人的な存在でした。

利休七哲《りきゅうしちてつ》のひとりとされ、千利休《せんのりきゅう》が追放されたときには細川忠興と織部だけが最後まで見送りをしました。「織部」といわれるのは従五位下織部正《じゅごいげおりべのかみ》だったからです。

大坂夏の陣では重臣である木村宗喜《きむらむねよし》が豊臣氏に内通して京都への放火を企んだとして京都所司代《しょしだい》の板倉勝重《かつしげ》に捕らえられ、重然も徳川方の情報を大坂城内に矢文《やぶみ》で知らせたと疑われて落城後に切腹させられ、子の重広《しげひろ》も江戸で斬首されました。

この古田氏と美濃の同族だといわれるのが古田重勝《しげかつ》で、近江日野、次いで伊勢松坂《まつさか》（松阪《まつさか》市）に3万5000石を与えられていました。最後の**松坂藩**《まつさか》です。1619年に浜田《はまだ》に移りました。2代重恒《しげつね》は病と称してかぎられた側近としか会わないなど、異常な行動が目立ち、1648年に没したときに改易されました。自殺ともいわれます。

筒井氏は戦国末期には信貴山《しぎさん》城（平群《へぐり》町）や多聞山《たもんやま》城（奈良市）を築いてこの地の支配に乗り出した松永久秀《まつながひさひで》に対する抵抗勢力として活躍し、織田信長の傘下に入りました。明智光秀の与力でありながら、山崎《やまざき》の戦いのときには「洞ヶ峠《ほらがとうげ》」を決め込んだ（日和見《ひよりみ》をした）ということで知られる筒井順慶《じゅんけい》に子がなかったため、甥の定次《さだつぐ》が養子となりました。妻は織田信長の娘です。

秀吉の時代になって、順慶の死後に大和郡山から伊賀上野に移されました。減封と見る人もいますが、大和は寺社領などが錯綜《さくそう》しており、筒井氏の実質支配地は多くなかったため、必ずしもそうとは言い切れません。松倉重政（島原藩主）、島左近《しまさこん》（石田三成の重臣）

といった有力武士が去っており、家内統制は十分ではなかったようです。

関ヶ原の戦いでは会津攻めに加わって東軍に与しましたが、本国では留守部隊が西軍の新庄直頼《しんじょうなおより》・直定《なおさだ》父子に城を奪われたりしたため、加増はありませんでした。1608年に突如として改易されたのですが、大坂城に頻繁に赴いていたとか、領国統治の不手際、酒色《しゅしょく》に溺れていた、キリシタンだったから、などいろいろいわれています。

これで伊賀**上野藩**《うえの》は廃藩となり、そのあとには津に藤堂高虎が入り、支城として伊賀上野城を壮大な城に改修しました。領国統治の中心としては津が向いているが、軍事的には伊賀上野のほうが大事だという判断でした。この城は大名の居城とはなりませんでしたが、廃藩置県まで津藩の武士が常駐していました。そんななかから出たのが松尾芭蕉《まつおばしょう》です。

筒井定次は鳥居忠政《ただまさ》のもとに預けられましたが、大坂冬の陣で豊臣に内通したとして嫡男順定《じゅんてい》とともに自害を命じられました。

大久保忠隣の失脚と「騎西藩」

大坂攻めの前年に起きたのが2代将軍秀忠側近の大久保忠隣が失脚した事件です。早い時期から松平家に属し、大久保忠員《ただかず》は家康の父松平広忠《ひろただ》や家康によく仕えました。その8

男が有名な彦左衛門忠教《ひこざえもんただたか》です。長男忠世《ただよ》は武田氏との最前線で頑張り切って二俣城《ふたまた》（浜松市天竜区《てんりゅう》）城主となり、関東移封後に小田原4万5000石を得ました。

その子の忠隣は秀忠側近として重きをなしましたが、本多正信との権力闘争に敗れたのか、1614年に所領を没収されました。1613年に牛久《うしく》藩主の山口重政《やまぐちしげまさ》が長男と忠隣の養女との無断婚姻により改易され、家臣の馬場八左衛門《ばばはちざえもん》による中傷や、家康に推挙して大久保姓を与えて幕府の財務責任者となった大久保長安《ちょうあん》が伊達政宗や松平忠輝を巻き込む陰謀や、不正蓄財をしていたことが死後に発覚。大疑獄となったことの責任を取らされたといわれていますが、よくわかりません。

もしかすると、対豊臣について本多正信がタカ派、大久保忠隣がハト派という色分けがあった可能性はあります。忠隣は京都にバテレン取り締まりに出張中にこの処分を聞き、そのまま近江に送られ、佐和山で晩年を送りました。彦根藩主の井伊直孝《なおたか》が赦免の運動をしようとしたのを「家康が間違っていたことになる」と断ったという逸話が残っています。

ただし、大久保家は忠隣の長男忠常《ただつね》が父とは別に**騎西藩**《きさい》（私市《きさい》藩とも。加須《かぞ》市）2万石を子の忠職《ただもと》が継いでいて、孫の忠朝《ただとも》は3代将軍家光のもとで老中となり、佐倉《さくら》から忠隣がかつて城主だった小田原10万3000石に復帰しました。

小田原藩は忠隣の失脚後にいったん廃藩となりました。その後、秀忠が隠居城にしようとしたこともありましたが、結局は江戸城二の丸が使われ、沙汰やみになりました。その後、春日局の子稲葉正勝が封じられて小田原藩は復活し、近代的な城を築き直しました。現在の城は北条時代や大久保忠隣時代の面影はあまりなく、築城者は稲葉正勝ということになります。幕末には子孫が淀藩主でした。

「南総里見八犬伝」の舞台は「倉吉藩」だった

安房《あわ》（千葉県）の里見家は「南総里見八犬伝《なんそうさとみはっけんでん》」で知られ、新田義重《よししげ》の子義俊《よしとし》が上野碓氷《うすい》郡里見郷（高崎市榛名《はるな》町）にあったことで名づけられました。1440年の結城合戦のあとに、安房白浜《しらはま》（南房総《みなみぼうそう》市）に逃れ、やがてこの地で勢力を伸ばして安房の国主となりました。

上総まで勢力を伸ばして北条氏に対抗する勢いでしたが、豊臣秀吉の小田原攻めのときに里見義康《よしやす》の参陣が遅れて安房一国のみを安堵され、館山《たてやま》城を築いて居城としました。関ヶ原の戦いの功で3万石を加増されたのですが、1614年に夫人の祖父大久保忠隣の失脚に連座して**倉吉藩**《くらよし》に移封され、死後は断絶しました。このときに殉死した8人の家来がいて、これにインスピレーションを得たのが「南総里見八犬伝」です。

倉吉はその後、鳥取藩池田氏の家老である荒尾《あらお》氏（輝政の母の実家）の領地になりました。米子《よなご》城主の荒尾氏と同族で、その勝手支配《かってしはい》のもとでミニ城下町になりました。明治天皇の曽祖父にあたる光格《こうかく》天皇の外祖父はもともと倉吉荒尾氏の家臣だったのですが、京都で医者となって、その娘が閑院宮《かんいんのみや》の側室になって産んだのが光格天皇です。

里見義康の弟義高《よしたか》は1590年に上野板鼻《いたばな》（安中市《あんなかし》）1万石を得ましたが、勤務態度不良を理由に1613年に廃絶となり、大名家としての里見氏は滅びました。

大久保長安事件では松本《まつもと》藩主だった石川康長《やすなが》も失脚しました。小牧・長久手の戦いのころまで酒井忠次《ただつぐ》と並ぶ家老のひとりだった石川数正の先祖は源八幡太郎義家《はちまんたろうよしいえ》の孫が河内石《いし》川《かわ》郡石川荘（南河内郡《みなみかわち》）に拠《よ》ったことに発します。

松平親忠《ちかただ》のときから松平家に仕え、数正は桶狭間の戦いのあとに今川氏の手にあった家康正室の築山殿《つきやまどの》と長男信康《のぶやす》を取り戻すのに活躍しましたが、小牧・長久手の戦いのあとに家中で孤立し、出奔して豊臣秀吉の家臣となり、家康の関東移封後は松本城主となりました。あの立派な国宝天守閣は数正が建てたものです。

長男康長は娘が大久保長安の嫡男大久保藤十郎《とうじゅうろう》の正室であったことから連座して改易さ

れ、佐伯に流されました。次男康勝《やすかつ》も奥仁科《おくにしな》（大町市《おおまち》）1万5000石を得ていましたが、同時に失脚し、大坂の陣では豊臣方について戦死しました。

数正の従兄弟である康通《やすみち》は上総2万石から、関ヶ原の戦いののち、大垣城主として5万石を得て、その子孫は各地を経て伊勢亀山藩として廃藩置県まで存続しました。神戸藩の石川氏は大久保忠隣の次男で康通の養子となった忠総の次男から出ています。

キリシタン大名で、天正《てんしょう》遣欧使節に千々石《ちぢわ》ミゲルを送り出した有馬晴信は、家康側近の本多正純《まさずみ》の家臣である岡本大八《おかもとだいはち》に加増を斡旋してもらおうとして賄賂を贈ったのに音沙汰がないと訴え出ましたが、岡本から長崎奉行暗殺を企てていたと暴露されて甲府に流され、自刃させられました。大久保忠隣と本多正信の対立に巻き込まれたらしいです。

嫡男直純が家康の養女を正室としていたため、島原半島にある日野江城4万石を安堵され、キリシタン棄教のうえで、1614年に延岡藩5万3000石に加増移封されましたが、孫の清純《きよすみ》のときに領民の逃散騒動などがあり、1691年に越後糸魚川《いといがわ》藩、次いで1695年に丸岡《まるおか》藩（坂井市《さかい》）5万石に移されました。

「千姫事件」で消えた藩

豊臣秀頼の妻で、将軍秀忠の長女千姫は坂崎《さかざき》出羽守《でわのかみ》直盛《なおもり》に救われて大坂城から脱出しました。出羽守については救い出したら妻として与えられると考えたが、約束を破られたため、怒って千姫の本多家（忠勝の子忠政と松平信康の娘との子忠刻《ただとき》）との輿入れの際に姫を奪おうとして失脚したという伝説があります。

実際のところは秀忠に頼まれて公卿《くぎょう》に輿入れさせることを斡旋したのに破談にされ、面目をつぶされたということのようです。驚いた重臣たちは出羽守を殺したのですが、自主的に腹を切らせたのならともかく、家臣が主君を殺したのを認めるわけにはいかないということで改易されました。

坂崎氏は本姓が宇喜多で、秀家の従兄弟ですが、宇喜多氏を内紛で離れました。関ヶ原の戦いでは東軍に与し、浜田２万石から津和野《つわの》３万石となり、坂崎氏を名乗っていたのです。大坂冬の陣より前のことですが、直盛は一族の宇喜多左門《さもん》が出奔したのを追っていたところ、左門が叔母である宇和島《うわじま》藩主の富田信高《とみたのぶたか》夫人に匿われていることを突き止めて幕府に訴え出ました。信高は伊勢安濃《あのう》郡２万石を持って、関ヶ原の戦いでは東軍側で奮戦し、安濃津城主から伊予板島《いたじま》（宇和島市）10万１９００石に栄進しましたが、この事件で改易されました。この事件に連座して2人の大名が改易されています。

高橋元種《たかはしもとたね》は秋月種長《あきづきたねなが》の弟で、豊前の高橋鑑種《あきたね》の養子となり、延岡5万3000石を与えられ、関ヶ原の戦いでは西軍から東軍に転じたのですが、富田信高に連座して改易されました。

関東の名族のうち、下野安蘇《あそ》郡の佐野《さの》氏は関ヶ原の戦いで東軍に属して佐野藩3万9000石を得たのですが、富田氏の改易に連座し、1614年に改易されました。

最期は「川中島藩」に押し込められた福島正則

福島正則の改易は、直接には城の無断修理が口実ですが、豊臣一族として徳川の天下を素直に認めなかったツケというべきものでしょう。

正則はその母が大政所の姉妹ないし従姉妹《いとこ》のようです。比較的年長だったため、加藤清正より先輩として扱われていました。

九州攻めで小早川隆景が筑前に移ったあとに今治《いまばり》11万石をもらい、秀次追放のあとには清洲城主になりました。関ヶ原の戦いでは東軍に属し、戦後は広島城主となり、毛利氏の旧領である安芸・備後2カ国49万8200石を領しました。

といっても、福島正則が東軍に与したのは石田三成憎しというだけで、家康が豊臣家に取って代わるなどとは夢にも思っていなかったのでしょう。名古屋城の築城に駆り出されたときには家康への文句をいっています。

大坂の陣では「3年遅すぎ、3年早すぎる」と悔しがりつつ、江戸で軟禁されて手も足も出ませんでしたが、大坂にあった蔵屋敷のコメを豊臣方が確保するに任せ、家老の子を大坂城に送り込もうとしたりと、かなり危ない橋を渡っています。

そこで、1619年に本多忠純《ただずみ》に相談のうえであるにもかかわらず、城の無断修理を理由に改易されました。そのときに「家康が存命ならいいたいこともある」といっていますが、家康は自分の行動をそれなりに許容範囲として理解してくれていたが、代が代わればそんなことは考えてくれないという嘆きでしょう。

川中島藩《かわなかじま》（長野市）4万5000石を確保することを許されましたが、それも正則の死に際して検視を得ずに火葬したとして没収されました。

北政所寧々《ねね》の兄木下家定はもともと杉原氏、あるいは林《はやし》氏を称していたらしいのですが、木下の姓を与えられたといわれます。もともと木下氏で、秀吉のほうが妻の実家の姓を名乗ったのだという人もいます。家定は三成挙兵のときには北政所の護衛と称して日和見をしたため、姫路から足守《あしもり》（岡山市北区《きた》）に移されました。

長男勝俊は小浜城主でしたが、関ヶ原の戦いの前哨戦《ぜんしょうせん》で伏見城から退去し、同じく北政所の警備にあたり、高浜《たかはま》城主だったが西軍に属した次男利房ともども改易されました。家定が死んだときに領地を勝俊と利房に折半させることになっていましたが、北政所が勝俊に単独相続させようとしたのに家康が怒って、懲罰的に利房の単独相続にさせました。

北政所については、秀吉が若いころは別にして、秀吉が天下を取ってからはあまりパッとせず、大坂城西《にし》の丸《まる》を家康に明け渡したのは愚劣ですが、積極的に家康についたわけでもなさそうです。

加藤清正の子が余生を過ごした「出羽丸岡藩」

名古屋市中村《なかむら》区には名古屋市秀吉清正記念館というのがあります。ここが豊臣秀吉と加藤清正の故郷だからです。福島正則と同様に、清正の母親が秀吉の母大政所の縁者だったようです。

少年時代から秀吉に仕え、賤ヶ岳七本槍《しちほんやり》のひとりとして勇名を馳《は》せました。肥後を与えられた佐々成政が国人《こくじん》（前出の国衆に同じ）の反乱で失脚すると、小西行長に南部が、加藤清正に北部25万石が与えられました。

朝鮮戦役ではこの両者が先陣を務めましたが、外交での収拾を念頭に置いていた行長と、攻撃一本槍《いっぽんやり》の清正はことごとく対立し、清正のたび重なる軍紀違反を行長らが秀吉に報告するため、清正は召還されてしまいました。

領地没収となってもおかしくないところでしたが、伏見大地震でいち早く秀吉のもとに駆けつけて許されたという伝説があります。清正としては必死に戦っているのに細かいことをいうなといったところですが、罪状はいずれも事実で、司令官としては失格といわざるをえないものばかりです。

これを清正は逆恨みし、前田利家が死んだのちには三成を襲撃しようとしたり、豊臣家臣団の分裂を主導したりしました。二条城での家康・秀頼会談も大失敗だったことは、すでに書いたとおりです。

統治にあっては、土木工事などでは業績を上げたものの、主な家臣に独自の統治を認めたため、統制はあまりよく取れていなかったようで、忠広の継承後には問題は深刻化していたようです。

嫡男光正《みつまさ》が謀反を呼びかける文書をいたずらで書いたとか、2代将軍秀忠3男の駿河大納言忠長《ただなが》を押し立てての反乱を呼びかける文書を受け取ったにもかかわらず、光正が届けなかったとかいわれていますが、不明です。忠長と親しかったのは事実のようですし、紀州の家康10男の頼宣《よりのぶ》の正室が妹だったことも、幕府から警戒される背景にあったようです。

出羽**丸岡《まるおか》藩**（鶴岡《つるおか》市）1万石を与えられ、母の正応院《しょうおういん》や家族、近臣50人で22年間の余生を過ごしました。比較的自由で、生活に不自由はなかったようです。

熊本には小倉城主だった細川忠利が入り、そのあとには小笠原一門が豊前を支配しました。加藤家の改易は、秀忠の死で大御所がいなくなったのを機に、3代将軍家光の側近グループが力を誇示するために行ったように見えます。

この事件には土井利勝《どいとしかつ》の影響力排除の意図が見え隠れします。利勝の出自は諸説ありますが、姿形は家康にそっくりだったといいます。隠し子ではないかという噂もありましたが、家康の母於大《おだい》の方《かた》の兄水野信元《のぶもと》の子であるという話のほうが本当らしく思います。

水野信元は織田信長から武田方に内通しているといわれ、家康が切腹させたのですが、もともと信長と家康のあいだを取り持ったのが信元です。それが増長して信長からも家康からも煙たがられていたようです。

土井利勝は秀忠にとって右腕というべき存在でしたが、その実力者ぶりや強引な大名取りつぶしで恨みを買っていました。そこで家光さまが除こうとしているという噂が流れ、対応が甘かった加藤忠広さまが取りつぶしの憂き目にあったというわけです。この事件は多くの大名に衝撃を与え、堀直寄《ほりなおより》や黒田長政は江戸城であたりかまわず泣いたといいます。

家光時代の初期は譜代筆頭の井伊直孝と、一門の長老格の松平忠明が最高顧問格で、酒井忠世《ただよ》、土井利勝、酒井忠勝《ただかつ》が実務を担当していましたが、彼らはだんだん遠ざけられるようになり、春日局の子稲葉正勝、小姓《こしょう》上がりの松平信綱といったところが台頭しました。彼らの主導で忠長が殺されるという展開も生まれたのです。

嫉妬を恐れて「玉縄藩」1万石で我慢した本多正信

織田信長はお守り役であった平手政秀《ひらてまさひで》と対立し、政秀は諫言《かんげん》するために自殺してしまいました。家光と青山忠俊《ただとし》の関係も同様に難しいものでした。家光が将軍になっても人前で家光を叱責《しっせき》することがあったのが嫌われ、老中を罷免のうえで、岩槻藩《いわつき》（さいたま市）5万5000石から大多喜藩2万石に減封され、さらにそれも奪われて蟄居させられるという事件がありました。

のちに子の宗俊《むねとし》に小諸《こもろ》藩を与えて復活させたとき、家光は若気のいたりを悔いたといいます。宗俊の子孫は各地を経て篠山藩6万石に移りました。

東京の港区青山の地名の由来になったのは、やはり老中だった忠俊の弟の幸成《よしなり》の子孫である郡上《ぐじょう》藩の中屋敷《なかやしき》が現在の青山墓地にあったからです。

大河ドラマなどでもよく登場する本多正信は家康の側近でしたが、三河一向一揆《いっこういっき》に参加して三河を去りました。本能寺の変の直前に家康が安土を訪れたときに許され、江戸では秀忠の後見役となりました。**玉縄《たまなわ》藩**1万石以上を望まなかったのは軍事的な貢献がなかったこともあり、保身のためだとされています。

長男正純は晩年の家康の側近として鐘銘事件や大坂城の外堀埋め立てなど豊臣滅亡への主導権を取り、さらに福島正則を巧みに改易に追い込みました。慎重だった父と違い、宇都宮藩15万5000石を得るなど大胆な行動で反感を買い、秀忠にも警戒され、居城の宇都宮城御殿に釣り天井の細工をして日光《にっこう》参詣のために泊まった秀忠を暗殺しようとしたという嫌疑をかけられて横手《よこて》に流されました。

正信3男の本多忠純も**榎本《えのもと》藩**（栃木市）1万石で大名となり、1615年には2万8000石に加増されましたが、家臣に殺され、藩は3代で絶えました。正信次男の政重《まさしげ》は前田氏に仕えて3万石の家老となり、子孫は明治になって男爵《だんしゃく》となっています。

正信の弟正重《まさしげ》は**舟戸藩**《ふなと》（柏市《かしわ》）1万石となり、いったん旗本に降格した時期もありますが、孫の正永《まさなが》が1万石で復活。のちに沼田藩4万石から田中藩《たなか》（藤枝市《ふじえだ》）になり、老中になった正珍《まさよし》は、あとで説明する郡上藩の金森《かなもり》騒動（郡上一揆）で賄賂授受を指摘されて罷免されましたが、改易は免れました。

諫言を「狂気」とされて取りつぶされた藩

天下泰平になってからは武力による大名の反乱は幕末までありませんでしたが、政道批判で取りつぶされる大名はありました。

伊予松山の殿さまである久松《ひさまつ》氏（江戸時代は松平を名乗っていました）は菅原道真《すがわらのみちざね》の末と称して尾張にありました。家康の母が松平広忠から離縁されたあと、久松俊勝《としかつ》と再婚しています。実質的に本流となったのは4男松平定勝の系統です。掛川、伏見城代を経て、大坂夏の陣のあとに桑名藩11万石。子の定行《さだゆき》が1635年に松山藩に入りました。

定勝の6男定政《さだまさ》は刈谷《かりや》藩2万石の藩主でしたが、家光死後の混乱期に旗本などの困窮への対策を訴えて所領を返上しました。

1651年に無届けで上野《うえの》の東叡山寛永寺《とうえいざんかんえいじ》において遁世落髪《とんせいらくはつ》し、領地や居宅、諸道具をいっさい返上し、旗本救済にあててほしいとして世情を批判する書を井伊直孝に提出しました。４代将軍家綱は数え11歳で、幕府は政情不安を招きかねない大名や旗本の言動に目を光らせていたこともあり、幕閣は「狂気の沙汰」として定政の所領没収のうえ、永蟄居《えいちっきょ》としました。

1660年には定政の姪《めい》の婿にあたる堀田正信《ほったまさのぶ》が幕政批判の上書を幕閣に提出したうえ、無断で領地に帰城しました。このときも老中の松平信綱が唱えた「狂気の作法」という意見が通り、正信は所領没収のうえ、永蟄居となりました。

春日局の縁者では、実子で老中を務めた小田原城主の稲葉正勝の子孫が淀藩10万2000石になっています。春日局の夫だった稲葉正成と先妻の娘の娘の夫だった堀田正《まさ》吉《よし》も家光の側近として登用され、子の正盛《まさもり》は老中を務めました。

川越藩、松本藩を経て、1642年に佐倉藩11万石となりましたが、家光に殉死しました。正盛の長男正信は松平信綱と対立して旗本や御家人《ごけにん》の窮状をしたためた意見書を提出して無断で佐倉に帰国したため改易され、阿波で家綱に殉死しました。松平信綱は狂気という扱いにし、子の正休《まさやす》に**矢田藩**《やだ》（のちの吉見藩《よしみ》。高崎市）、次いで近江宮川藩《みやがわ》（長浜市）1万石が与えられました。幕末に佐倉藩主だった堀田家は正盛3男の正俊《まさとし》の流れです。

図表4　改易された大名の一覧（一部は減封）

将軍	年	大名	藩	石高	理由
（家康）	1602	小早川秀秋	備前 岡山	51	無嗣
家康	1603	武田信吉	常陸 水戸	15	無嗣
秀忠	1606	堀鶴千代	越後 蔵王堂	3	無嗣
	1607	松平忠吉	尾張 清洲	52	無嗣
		天野康景	駿河 興国寺	1	反抗
		稲葉通重	美濃 清水	1.2	乱行
		津田信成	山城 御牧	1.3	乱行
		稲葉通孝	豊後ノ内	1.4	無嗣
	1608	筒井定次	伊賀 上野	20	無嗣
		前田茂勝	丹波 八上	5	乱行
	1609	小笠原吉次	常陸 笠間	3	違反
		中村忠一	伯耆 米子	17.5	無嗣
		木下勝俊	備中 足守	2.5	違反
		松平忠頼	遠江 浜松	5	乱行
		水野忠胤	三河ノ内	1	乱行
		皆川広照	信濃 飯山	7.5	内紛
		桑山清晴	和泉 谷川	1	違反
	1610	堀忠俊	越後 福島	30	内紛
	1611	金森長光	美濃・河内ノ内	2	無嗣
		平岩親吉	尾張 犬山	12.3	無嗣
	1612	有馬晴信	肥前 日野江	4	連座
		松平忠清	三河 吉田	3	無嗣
	1613	山口重政	上総ノ内等	1.5	違反
		大久保忠佐	駿河 沼津	2	無嗣
		里見義高	上野 板鼻	1	違反
		富田信高	伊予 宇和島	12	違反
		石川康長	信濃 松本	6	連座
		高橋元種	日向 延岡	5	連座
		石川康勝	信濃ノ内	1.5	連座
	1614	大久保忠隣	相模 小田原	6.5	反抗
		佐野信吉	下野 佐野	3.9	連座
		里見忠義	安房 館山	12.2	連座
	1615	豊臣秀頼	摂津 大坂	65.7	反抗
		古田重然	（不明）	1	反抗
		福島高晴	大和 松山	3	反抗
		織田信重	丹波ノ内	1	内紛
	1616	松平忠輝	越後 高田	60	乱行
		藤田信吉	下野 西方	1.5	違反
		坂崎直盛	石見 津和野	3	乱行
	1618	村上忠勝	越後 村上	9	内紛
		関一政	伯耆 黒坂	5	内紛
	1619	福島正則	安芸 広島	49.8	違反
		伊奈忠勝	武蔵 小室	1	無嗣
	1620	田中忠政	筑後 柳川	32.5	無嗣
	1621	織田長益	大和ノ内	1	無嗣

将軍	年	大名	藩	石高	理由
秀忠	1622	最上義俊	出羽 山形	57	内紛
		本多正純	下野 宇都宮	15.5	反抗
		成田氏宗	下野 烏山	1	無嗣
	1623	松平忠直	越前 福井	67	乱行
		西尾嘉教	美濃 揖斐	2.5	無嗣
		本多紀貞	上野 白井	1	無嗣
		内藤清政	安房ノ内	3	無嗣
家光		田中吉官	近江ノ内等	2	違反
		青山忠俊	武蔵 岩槻	4.5	反抗
	1624	福島正則	信濃ノ内	2	違反
	1626	禰津信直	上野 豊岡	1	無嗣
	1627	蒲生忠郷	陸奥 会津	60	無嗣
	1628	別所吉治	但馬 綾部	2	違反
		徳永昌重	美濃 高須	5.3	違反
	1629	桑山貞晴	和泉 谷川	2.6	無嗣
	1630	酒井直次	出羽 左沢	1.2	無嗣
	1631	織田長則	美濃 野村	1	無嗣
		池田政綱	播磨ノ内	3.5	無嗣
		三浦重勝	下総ノ内	1	無嗣
		最上義俊	近江 大森	1	幼少
	1632	脇坂安信	美濃ノ内	1	乱行
		奥平忠隆	美濃 加納	10	無嗣
		加藤忠広	肥後 熊本	51.5	違反
		徳川忠長	駿河 府中	50	乱行
		鳥居忠房	甲斐 谷村	3.5	連座
		朝倉宣正	遠江 掛川	2.6	連座
	1633	酒井重澄	下総 生実	2.5	違反
		堀尾忠晴	出雲 松江	24	無嗣
	1634	竹中重義	豊後 府内	2	違反
		蒲生忠知	伊予 松山	22	無嗣
	1636	鳥居忠恒	出羽 山形	26.4	無嗣
	1637	京極忠高	出雲 松江	24	無嗣
		本多政武	大和 高取	3	無嗣
	1638	松倉勝家	肥前 島原	4	一揆
		佐久間安次	信濃 飯山	3	無嗣
		成瀬之虎	下総 栗原	1.6	無嗣
	1640	本多犬千代	下野 榎本	2.8	無嗣
		池田輝澄	播磨 山崎	6.3	内紛
		生駒高俊	讃岐 高松	17.1	内紛
	1641	加藤明利	陸奥 二本松	3	内紛
		池田長常	備中 松山	6.5	無嗣
	1642	堀直定	越後 村上	10	無嗣
		那須資重	下野 那須	1.4	無嗣
	1643	加藤明成	陸奥 会津	40	内紛
	1644	松下長綱	陸奥 三春	3	乱行

将軍	年	大名	藩	石高	理由
	1644	松平清道	播磨 姫路新田	3	無嗣
	1645	池田輝興	播磨 赤穂	3.5	乱行
		皆川成郷	常陸 府中	1.3	無嗣
	1647	真田信重	信濃ノ内	1.7	無嗣
		松平忠憲	信濃 小諸	4.5	無嗣
		菅沼定昭	丹波 亀山	3.8	無嗣
		寺沢堅高	肥前 唐津	8	乱行
	1648	古田重恒	石見 浜田	5	無嗣
		稲葉紀通	丹波 福知山	4.5	乱行
	1650	織田信勝	丹波 柏原	3.6	無嗣
		本多勝行	大和ノ内	4	無嗣
	1651	松平定政	三河 刈谷	2	違反
家綱	1653	平岡頼資	美濃 徳野	1	内紛
		加藤忠広	出羽 丸岡	4	無嗣
		杉原重玄	但馬 豊岡	1	無嗣
	1655	片桐為次	大和 竜田	1	無嗣
	1656	日根野吉明	豊後 府内	2	無嗣
	1657	山崎治頼	讃岐 丸亀	4.4	無嗣
	1658	北条氏重	遠江 掛川	3	無嗣
	1659	生駒高俊	出羽 矢島	1	分割
	1660	堀田正信	下総 佐倉	11	違反
	1664	上杉綱勝	出羽 米沢	30	無嗣
	1665	松平重利	下野 皆川	1	無嗣
		一柳直興	伊予 西条	2.5	違反
	1666	京極高国	丹後 宮津	7.8	違反
	1667	水野元知	上野 安中	2	乱行
	1668	高力隆長	肥前 島原	4	違反
		奥平昌能	下野 宇都宮	11	違反
		酒井忠解	出羽 大山	1	無嗣
	1670	池田邦照	播磨 新宮	1	無嗣
	1671	伊達宗勝	陸奥 一関	3	内紛
	1678	池田恒行	播磨 山崎	3	無嗣
	1679	土屋直樹	上総 久留里	2	乱行
		戸川安風	備中 庭瀬	2	無嗣
		堀通周	常陸 玉取	1.2	乱行
	1680	永井尚長	丹後 宮津	7.3	無嗣
		内藤忠勝	志摩 鳥羽	3.3	乱行
綱吉	1681	加々爪直清	武蔵 高坂	1.3	違反
		松平光長	越後 高田	26	内紛
		真田信利	上野 沼田	3	違反
		酒井忠能	駿河 田中	4	違反
	1682	本多利長	遠江 横須賀	5	違反
		桑山一尹	大和 新庄	1.1	違反
	1683	徳川徳松	上野 館林	25	無嗣廃絶
	1684	有馬豊祐	筑後 松崎	1	連座
		稲葉正休	美濃 青野	1.2	乱行
		松平重治	上総 佐貫	1.5	違反
	1686	松平綱昌	越前 福井	52.5	乱行
	1687	溝口政親	越後 沢海	1	乱行
		那須資徳	下野 烏山	2	内紛
	1688	佐久間勝茲	信濃 長沼	1	違反
	1689	喜多見重政	武蔵 喜多見	2	違反
		山内豊明	土佐 中村	3	違反
	1693	本多政利	陸奥 岩瀬	1	一揆
		水谷勝美	備中 松山	5	無嗣
	1694	織田信武	大和 松山	2.8	内紛
	1695	本多重益	越前 丸岡	4.3	内紛
	1696	小出重興	和泉 陶器	1	無嗣
		小出英及	但馬 出石	4.5	無嗣
	1697	森衆利	美作 津山	16.8	乱行
	1698	水野勝岑	備後 福山	10.1	無嗣
		伊丹勝守	甲斐 徳美	1	乱行
	1699	伊達村和	陸奥 中津山	3	違反
	1701	浅野長矩	播磨 赤穂	5	乱行
	1702	松平忠充	伊勢 長島	1	乱行
	1709	前田利昌	加賀 大聖寺新田	1	乱行
家宣	1711	松平宗胡	越前 高森	2	無嗣
	1712	屋代忠位	安房 北条	1	一揆
家継	1716	毛利元次	周防 徳山	4.5	内紛
吉宗		小笠原長邕	豊前 中津	4	無嗣
	1719	浅野長経	備後 三次	5	無嗣
	1720	黒田長清	筑前 東蓮寺	5	無嗣
		浅野長寔	備後 三次	5	無嗣
	1723	本多忠烈	大和 郡山	5	無嗣
	1725	水野忠恒	信濃 松本	7	乱行
	1726	京極高寛	但馬 豊岡	3.3	無嗣
	1729	松平義真	陸奥 梁川	3	無嗣
家重	1751	植村恒朝	上総 勝浦	1	違反
	1758	金森頼錦	美濃 郡上	3.8	一揆
		本多忠央	遠江 相良	1	連座
家斉	1788	小堀政方	近江 小室	1	違反
	1817	酒井忠全	播磨 姫路新田	1	怠惰
家茂	1859	本郷泰固	駿河 川成島	1	違反
	1864	松平頼徳	常陸 宍戸	1	内紛
(明治)	1868	林忠崇	上総 請西	1	反抗

アミカケは減封。
〈出典〉須田茂『徳川大名改易録』(崙書房出版)など各種資料より筆者作成。

第5章
松平・徳川一族の「お家事情」で消えた藩

40人の子どもを儲けた家康先祖の松平信光

300諸侯のなかで、徳川氏か松平氏を名乗るものをすべて合わせると、56家にものぼり、3つのグループに分類できます。松平氏の系図は図表5のとおりです。

第1グループは松平家初代の親氏《ちかうじ》から家康の父広忠にいたるまでの世代で本流から分かれた諸家で、十四松平と呼ばれます。第2グループは家康の子孫たちであり、第3グループは男系ではないのですが、松平を名乗ることを許された諸家です。

第3グループのなかには島津氏や毛利氏のような外様《とざま》名門も含まれますが、久松、奥平、保科《ほしな》のように、親戚でありながら父祖をほかに持つ家々も入ります。松平家の始祖親氏は足利義満《よしみつ》の時代が終わるころに三河に流れてきた徳阿弥《とくあみ》と称する時宗《じしゅう》の僧侶です。この徳阿弥が新田一族だったというわけですが、これは家康が突然言い出したわけではありません。祖父清康《きよやす》も新田氏一族の世良田《せらた》姓を名乗っていました。

織田家が平氏、近江源氏、藤原氏などを使い分けたのと同じで、松平家の人々は在原《ありわら》氏の流れを称する松平郷の土豪家、このあたりに勢力があった加茂《かも》氏、それに世良田氏などを素性として併用していたようです。

清和源氏《せいわげんじ》の祖先は9世紀後半の天皇である清和天皇ですが、10世紀の平将門《たいらのまさかど》の乱《らん》のこ

図表5　松平氏系図

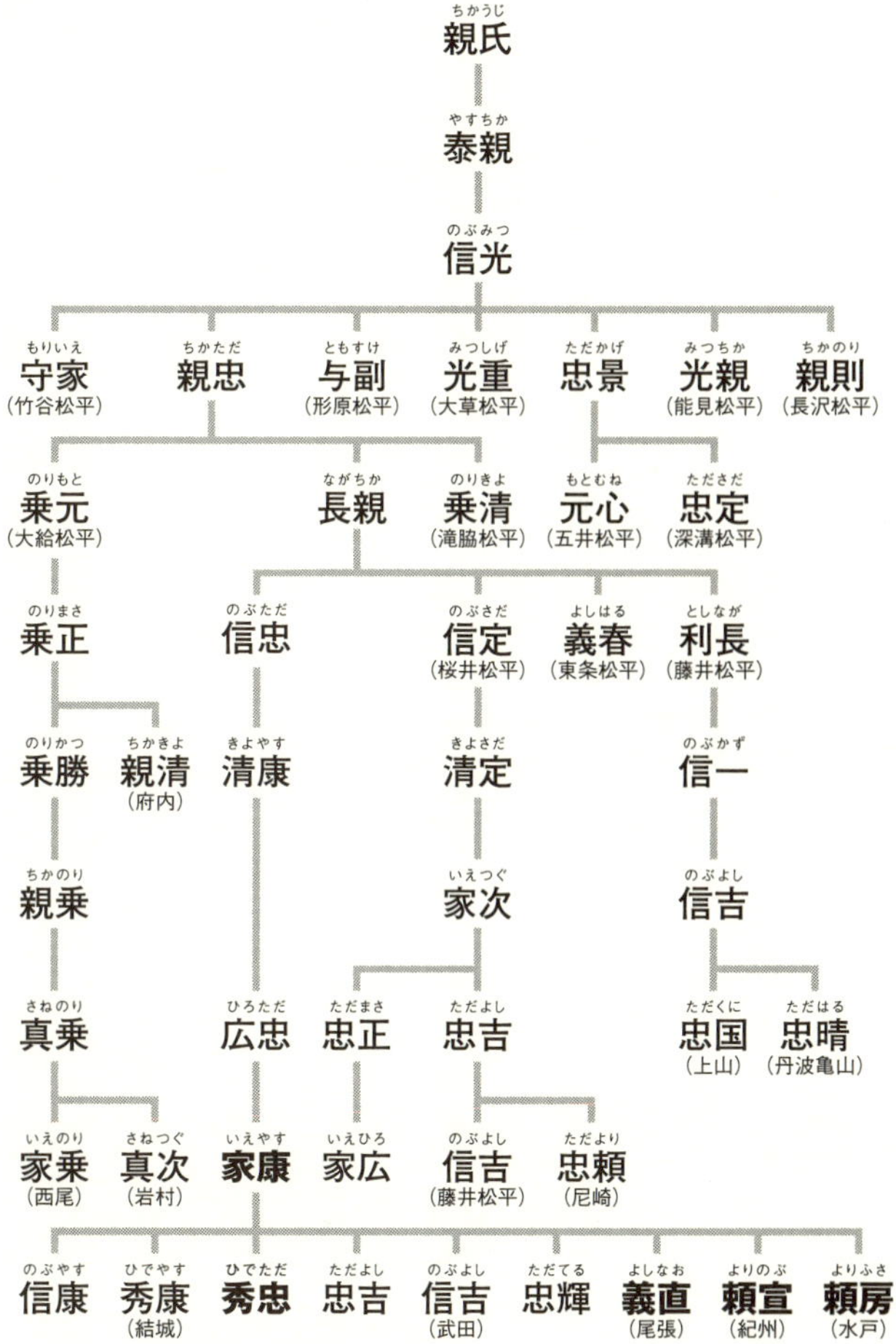

＊太字は徳川姓

ろに孫の六孫王《ろくそんのう》が臣籍に下って源経基《つねもと》を名乗り、その子の頼信《よりのぶ》は羽曳野《はびきの》に拠って、ここから頼義《よりよし》、義家が出て、前九年《ぜんくねん》の役《えき》、後三年《ごさんねん》の役《えき》に東国武士を率いて活躍しました。

この義家の次男義親《よしちか》の系統から頼朝らが出て、3男義国《よしくに》は下野新田《にった》郡に勢力を構えました。そして義国長男の義重から新田氏が出て、下野に移った次男義康《よしやす》からは足利氏が出ています。

平氏全盛のころは新田氏が優勢でしたが、頼朝の挙兵に馳せ参じるのに足利氏に先を越され、足利氏が頼朝家断絶後の源氏の代表格となりました。不遇の新田一族のなかで、義重の4男義季《よしすえ》の子孫は新田郡世良田荘と得川《とくがわ》荘を領地としました。群馬県東南部で、太田《おおた》市の南にあります。

この世良田氏一族のひとりが南朝《なんちょう》の残党として戦い、さらには4代将軍足利義持《よしもち》のころに関東管領上杉禅秀《ぜんしゅう》と鎌倉公方《くぼう》足利持氏《もちうじ》の抗争に巻き込まれ、諸国放浪ののちに三河に来たのだというのです。

親氏は松平郷にやってきたとき、「自分は源氏の血を引く関東の名門出身ですが、わけあって時宗の僧となり、諸国を放浪ののちに三河に来た。異説もあるが、碧海《へきかい》郡酒井《さかい》郷（刈谷市）の地侍《じざむらい》の入り婿となって男子を儲《もう》けたが、妻に先立たれたので、こうして旅に出た」とでもいい、在原業平《なりひら》の子孫と自称する者から婿養子にとすすめられて定着したのでしょう。

三河には足利氏に近い諸家の領地が錯綜していました。松平氏は将軍側近の伊勢《いせ》氏の被官《かん》《ひ》となって傭兵業《ようへいぎょう》のようなこともやっていたようです。2代泰親《やすちか》は豊田《とよた》市西部、岡崎市北方にある奥三河高原で頭角を現していきました。

松平家は兄弟で分割相続を繰り返し、3代信光《のぶみつ》は平野部の岩津《いわづ》（岡崎市）、さらに西三河中央部の安城《あんじょう》（安祥）に本拠を移しました。信光は40人もの子をつくって西三河のあちこちに配置し、彼らの多くが江戸時代に大名や旗本になりました。

4代親忠は目立ちませんが、5代長親《ながちか》は家康が2歳になる71歳まで長生きし、その孫の清康《きよやす》は三河を代表する武将となり、本拠を岡崎に移しました。

第3グループで、本来の松平ではないが、家康の近親でそれに準じる存在といえるのが知恵伊豆で知られる家光側近の松平伊豆守信綱の長沢《ながさわ》松平家、家康の母で刈谷の水野家出身の於大の方が再婚した知多《ちた》半島の久松家です。そこで生まれた異父弟の子孫は伊予松山藩や桑名藩の殿さまになり、だいたいは松平を名乗っています。

家康と築山殿の子のうち、長女が亀姫《かめひめ》で、東三河の土豪だった奥平家に嫁ぎました。そのうち、4男忠明は家康の養子になって松平姓を名乗り、子孫は忍藩《おし》（行田市《ぎょうだ》）です。

2代将軍秀忠の隠し子で、信濃の土豪に養子に出されたのが会津藩祖の保科正之《まさゆき》であり、子孫は松平を名乗りました。このほか、松本藩主の戸田氏や、5代将軍綱吉の母の異父弟を先祖とする宮津藩の本庄氏も松平で呼ばれるのが普通です。

好き嫌いで子どもの扱いに差をつけた徳川家康

家康は駿府で人質生活を送っていた16歳のときに、今川一族の築山殿とのあいだに長男信康を得たのを皮切りに、11男5女を得ています。しかも無事に成人した者が多く、閨閥《けいばつ》づくりの武器になりました。ざっと列挙してみましょう（カッコ内は母）。

長男・松平信康（築山殿）
次男・結城秀康（小督局《こごうのつぼね》）
3男・徳川秀忠（西郷局《さいごうのつぼね》）
4男・松平忠吉（西郷局）
5男・武田信吉（下山殿《しもやまどの》）

6男・松平忠輝（茶阿局《さあのつぼね》）
7男・松平松千代《まつちよ》（茶阿局）
8男・平岩仙千代《ひらいわせんちよ》（お亀《かめ》）
9男・徳川義直（お亀）
10男・徳川頼宣（お万《まん》）
11男・徳川頼房《よりふさ》（お万）
長女・亀姫（築山殿）　奥平信昌《のぶまさ》室
次女・督姫《とくひめ》（西郡局《にしごおりのつぼね》）　北条氏直《うじなお》、池田輝政室
3女・振姫《ふりひめ》（お竹《たけ》）　蒲生秀行、浅野長晟室
4女・松姫《まつひめ》（お久《ひさ》）
5女・市姫《いちひめ》（お梶《かち》）

信康については、あとで説明するとして、ほかの子どもたちについて、簡単に説明しましょう。

秀康の母は側室ではなく築山殿の侍女《じじょ》で、いわばお手つきにすぎません。家康は自分の

子であるかの確信も持てなかったのか、認知しなかったのを兄の信康が強引に引き合わせて認知させましたが、疑いは残ったのか、跡取りにはしませんでした。秀康も対抗上、秀吉の養子としての立場を崩さず、福井藩主になっても豊臣大名の扱いでした。

秀忠は自己主張をせず、家康の息子として忠実でした。家康としては物足りなくもあったでしょうが、守成の時代の後継者としては評価していたようです。

忠吉は秀忠の同母弟であるが、勇猛だったといわれます。その死に際して、秀忠は大いに嘆きましたが、家康はそれほどでもなかったといいます。

信吉は武田遺臣を母としたため信玄の娘（穴山梅雪の妻）の養子となり、武田を名乗りました。

忠輝は幼いころに容姿が信康に似ているといって家康が嫌ったといわれています（信康に似ているというのがマイナス評価であることに着目すべきです）。反抗的で幽閉流罪とされました。母の茶阿局への家康の信頼は厚かったのに、最後まで許しませんでした。

義直への家康の評価はとくに残っていませんが、忠吉のあとの尾張国主として高い扱いをしています。

頼宣と頼房の母は同じで、関東の名門の正木《まさき》氏の出です。未亡人ばかり側室にしていた

（感覚的には秘書を愛人にしたイメージ）家康ですが、中年になってめずらしく若い少女を側室にしました。

頼宣は聡明かつ勇猛で家康から非常にかわいがられたようで、自分の隠居所である駿府城の城主にしています。家康の死後は秀忠や家光に疎んじられて紀州に移されました。

頼房は有能だが、ややエキセントリックだったようで、その性格は息子の光圀《みつくに》（水戸黄《こう》門《もん》）に受け継がれました。もらった石高がやや少ないのは、頼宣と同母のため、一種の分家と見られたのかもしれません。

娘たちのなかでは北条氏直、続いて池田輝政の正室となった督姫への厚遇が際立ちます。振姫は蒲生秀行と死別したあとに浅野長晟と再婚して子を産みましたが、高齢出産がたたってすぐ死んでしまいました。この2人に比べて信康の同母妹亀姫やその子どもたちへの待遇はもうひとつです。

家康長男の信康を殺したかったのは信長ではなかった

ＮＨＫ大河ドラマ「おんな城主　直虎《なおとら》」は、視聴率はともかく、歴史ドラマとしてはなかなかおもしろい洞察を含んでいて楽しめましたが、あまりにもホームドラマ的な甘いストーリー仕立てでがっかりしたのが、「魔王のいけにえ」という信康事件を扱った回でした。

どんな刺激的な内容かと期待したのですが、案に相違して、信康をできのよい模範生的な息子と捉え、築山殿もいろいろ諍《いさか》いはあったにせよ、家康の妻としての自覚を持った女性にするという、いまどきこんな見方をする人もいるのかというアホらしさでした。

信康の近臣が武田と通じて家康の暗殺を謀ったため、信康と岡崎衆は謹慎を命じられますが、忠誠ぶりを発揮して処分は解除されそうになっていたということにしました。

織田信長も信康を評価していましたが、家康と同等の官位を与えて家康を懐柔しようとして、信康がそれを断ったことから腹を立てました。妻徳姫《とくひめ》の不満を契機に武田氏と通じているとして処断することを家康に強制。家康は悩みましたが、実母から家のためには子を殺すこともあるというのが武士のならいといわれて決断することになっていました。

史実では信康が家康とあまり年齢差がないこともあって、父の家康に対抗するような動きをし、老臣たちに厳しく当たる一方、若い家臣からは家康より人気があり、対立が深刻だったのです。

おそらく信康を処分したいと言い出したのは家康であって、舅《しゅうと》である信長の了解を求めたのではないでしょうか。家康は殺すまでは考えませんでしたが、信長から廃嫡するなら殺さないと危ないと忠告されたことはあったかもしれません。

家康は信長の嫡男信忠より家康の長男信康のできがよいのを心配した信長の命令により、武田氏と内通したという無実の罪で妻の築山殿を斬り、信康に切腹を命じたと昔からいわれてきました。ここでもう一度、昔から伝えられてきた通説を紹介しましょう。

信長の娘で信康夫人だった徳姫が、信康が粗暴で、築山殿は武田と通じているといってきたため、真偽を安土にやってきた徳川家の重臣で信康つきの酒井忠次に問いただしたところ、否定しなかった。そのため信長は信康を切腹させるように指示し、家康にとっては青天《せいてん》の霹靂《へきれき》で無実だったのに、承知せざるをえなかったというのです。

しかし、いまでは家康と信康のあいだには相当に深刻な対立があり、酒井忠次も危険を感じるほどだったことが明らかになっています。築山殿と信康は家康を裏切るだけの理由がありました。築山殿は今川一族の関口親永《せきぐちちかなが》の娘で、桶狭間の戦いのときには駿府にいました。ところが家康は岡崎にとどまり、やがて今川氏を見捨てて織田氏と組みました。そこで家康は人質を取って今川氏真《うじざね》を脅し、築山殿と信康と亀姫を取り戻しましたが、氏真は築山殿の父母である関口親永夫妻を死に追い込みました。これでは築山殿と信康が家康を快く思わないのは当然です。

信康は信長の娘徳姫と結婚し、岡崎城を譲られて築山殿もここにとどまり、家康は単身で浜松城に移りました。信康は粗暴ですが、武将としては有能で、家康と16歳しか離れていないため自己主張が強かったのです。この時代の若い殿さまとしては異常ではありませんが、領民や部下への残虐行為は事実ですし、諫言したら殺すと榊原康政を脅しました。

異母弟の秀康の認知を渋る家康を強引に説得して認知させたように、若武者らしくあけすけな信康は、ケチで慎重すぎる家康より人気があった可能性もあります。信康を謹慎させたあと、わざわざ家臣たちに信康と連絡を取らないように命じているのは、そのへんの事情を物語っています。御曹司の副社長が部下から好感を持たれて力をつけてきたため、まだ引退する年でもない父親の社長が、怒って息子を会社から追い出そうといったパターンです。

信長のほうから娘婿の信康を排除する動機はありません。酒井忠次を使いに出して信康排除の相談を持ちかけて了解を求めたのは家康のほうです。信長が「家康の思いどおりにせよ」といっただけだと記録にあることも、それを裏づけます。

家康は信長や秀吉が死んだあとも築山殿や信康の名誉回復をしていません。残された娘たち（本多忠政と小笠原秀政《ひでまさ》の夫人）や亀姫はいずれもそれほど厚遇されていません。晩年の家康が信康を甘やかして育てたことを悔いたり、酒井忠次らの補佐が十分ではなかったことをなじるようなことをいったりしたことはありますが、処分そのものを後悔していた節《ふし》はまったくありません。

長男信康に似ているせいで嫌われた6男忠輝

信康について家康があまりよい感情を持っていなかったひとつの傍証が、6男忠輝について語ったエピソードです。

忠輝の母の於茶阿《おさあ》の出自についての詳細は不明ですが、遠江に住む鋳物屋の未亡人で、夫が殺された事件の無法を果敢に家康に直訴したのを気に入られて側室になったといわれています。家康の寵愛《ちょうあい》は忠輝失脚後も続き、死ぬ間際まで身の回りの面倒を見ています。

ところが子どものほうは容貌が醜いと嫌われ、6歳のときに家康に会わせましたが、「三《さぶ》郎《ろう》（信康）の幼いときにそっくりの恐ろしげな面魂《つらだましい》だ」といわれたそうです。信康に似ているからいやだというくらいですから、信康の失脚が信長に要求されたのではなく、家康との対立によるものであることは確実だと思います。

それでも於茶阿の息子でもあり、**深谷《ふかや》藩**、佐倉藩、**川中島《かわなかじま》藩**を経て高田藩75万石にまで進み、伊達政宗の娘五郎八姫《いろはひめ》と結婚しました。井伊直政の死後には佐和山を任せようかという案もあったようです。

しかし、養育した皆川広照《みながわひろてる》と、異父姉の婿である花井三九郎《はないさんくろう》という2人の家老が争うお家騒動が起き、乱行もありました。しかも家康の4男忠吉や5男信吉の死後は秀忠の弟たちのなかで最年長だったことから、「大坂の秀頼とキリシタンと組んでキリスト教を公認し、国土を秀頼と東西二分する約束ができている。その根回しをやっているのが伊達政宗と、佐渡の金山《きんざん》を握る大久保長安だ」といった噂も流れたそうです。

大坂冬の陣では江戸留守居を命じられました。夏の陣では出陣の途中、近江守山《もりやま》で軍列の横を騎馬のまま追い越していこうとした秀忠の旗本2人を斬殺するという事件を起こし、しかも逐電《ちくでん》（素早く逃げた）した下手人の身代わりとして志願した家臣たちを縄で縛って、一般の殺人犯のように扱って江戸送りにしたため、彼らが怒って逃げ出してしまう不祥事もありました。また、戦闘でも大坂城攻めに参加せず、不可解な行動を取ったために疑念を持たれ、家康から藤岡《ふじおか》での蟄居を命じられました。

死の床にあった家康に、於茶阿は必死に赦免を願いましたが、「自分が生きていてもあんなことをするようでは、死んだあと、どうなることやら」として許さなかったともいわれます。

家康の死後、秀忠は家康の遺言と称して忠輝を正式に改易し、伊勢神宮に近い朝熊《あさま》（伊勢市）、次いで飛騨高山、さらに諏訪に移しましたが、気ままで贅沢《ぜいたく》な生活は保障され、5代将軍綱吉の治世まで生き、92歳で死にました。

プライドが高すぎて追放された松平忠直

大坂夏の陣のころになると、家康の子と孫といった世代の違う子孫たちの扱いにどう違いをつけるかという難問が出てきました。頭が痛かったのが結城秀康の嫡子忠直の扱いです。忠直は将軍家に次ぐナンバー2は越前家であり、その当主である自分はそれにふさわしい扱いを受ける権利があると思ったのでしょう。

しかも忠直の正室は秀忠の娘勝姫《かつひめ》でした。ところが彼に対する待遇は彼より年少で、のちの御三家《ごさんけ》の祖となった義直、頼宣、頼房という家康の子どもたちより悪かったのです。

大坂夏の陣では真田幸村を討ち取るなど最大の戦果を上げました。ところが、もらったのは信長が家康に与え、一度は秀吉に賤ヶ岳の戦いの祝いとして渡され、また家康のものとなった名物茶器である「初花肩衝《はつはなかたつき》」だけでした。

ふてくされた忠直は乱行を繰り返し、参勤交代《さんきんこうたい》も福井から関ヶ原まで来て、そこから引き返しました。夫人の勝姫を斬ろうとしたりもしました。秀忠は忠直を豊後に流し、福井は忠直の弟忠昌《ただまさ》に与え、忠直の嫡子でみずからの孫でもある光長《みつなが》には忠昌の旧領である高田藩26万石を与えました。

忠直の嫡男だった光長は秀康と秀忠両方の孫として、それなりに重きをなしていましたが、嫡子で毛利秀就の娘との子の綱賢《つなかた》が跡継ぎのないまま早世したことから、忠直が豊後で儲けた2人の子のうち、永見長頼《ながみながより》の息子綱国《つなくに》を後継者とすることになりました。そこに藩内の最大実力者である小栗美作《おぐりみまさか》に反対するグループが、小栗が実子を嗣子にしようとしているといったことも含めて騒ぎ出し、長頼の弟永見大蔵《おおくら》を擁立しようとして、藩内で武力衝突まで始まりました。

4代将軍家綱のもとで最大実力者であった酒井忠清《ただきよ》は美作派に軍配を上げたのですが、5代将軍に就任した綱吉はこの問題を江戸城大広間で親裁し、ケンカ両成敗でしたが、小栗派により厳しい判決を下しました。

結局、1681年に光長は伊予松山に流され、綱国は廃嫡となりました。数年後に光長は赦免され、忠直の弟直基の孫宣富《のぶとみ》に津山《つやま》藩10万石が与えられて名跡を継ぎました。

しかし、これも子の浅五郎《あさごろう》が早世したため、**白河新田藩**《しらかわしんでん》（前橋系）から長煕《ながひろ》を迎えて5万石となり、その後もあちこちから養子を迎えました。幕末の斉民《なりたみ》は11代将軍家斉の14男で、そのおかげで10万石に復帰し、家斉の子のなかではまともなひとりとして評価され、1868年には徳川宗家16代家達《いえさと》の後見役に選ばれました。

春日局に嫌われて遠ざけられた秀忠の3男忠長

秀忠の3男忠長は利発で両親からかわいがられていました。家光は若いころ女性嫌いで、もっぱら男色《だんしょく》にふけったといわれています。4代将軍になる家綱が生まれたのは家光が37歳になったときです。したがって、それまでは忠長か御三家の誰かが4代将軍となるよりほかないと予想されていました。

秀忠にしてみれば当然、跡目は忠長にしたいわけです。忠長には御三家より上の格式と実力を与えておきたかったのですが、家光の周辺にとっては憂鬱なことでした。

甲府23万8000石から駿府55万石に昇進させ、官位でも大納言として尾張や紀州と同格とし、序列でも水戸頼房より上位にしました。諸大名も参勤交代の際には忠長のところに立ち寄るようになりました。

ところが忠長は母親のお江与《えよ》に性格が似て勝ち気でした。一説によれば、秀忠に手紙を書いて「百万石か大坂城が欲しい」といったともいいます。大坂をよこせというのは、西日本は自分に仕切らせろというのに等しいわけで、それでは室町時代の関東公方と同様に対抗勢力になってしまいますから、受け入れ可能な案ではなかったのです。

そして小姓だった幕府の船奉行の小浜光隆《おはまみつたか》の子が囲炉裏に首を突っ込んで火をおこしているときに刀で首を切り落としたのには諸大名も驚き、あきれました。

幕府からお叱《しか》りがあったところ、具足《ぐそく》をつけて誰が密告したのかと家臣を責めたり、秀忠に家老の朝倉宣正《あさくらのぶまさ》を改易したいと申し出たりしました。お江与の死による衝撃で生活が乱れたのを秀忠にも咎められ、家光やその側近が秀忠との接触も妨害したりした結果、絶望して坂道を転げ落ちるようなことになったのではないでしょうか。

ただ、家光は秀忠の上洛のときに大井川《おおいがわ》などに船をつなげた橋を臨時に架けたことすら大御所さまの考えに反した行いと言いがかりをつけたくらいですから、秀忠が忠長の最後の面会希望を知っていたかも疑問です。いずれにせよ、忠長への処分は流罪ですんだ忠輝や忠直への処分に比べて不均衡に重いものがあります。

幽閉という中途半端なことでは、家光が死んだ場合に忠長が将軍になる可能性がなお残ることとなり、そのときに処分にかかわった者が復讐《ふくしゅう》されることを恐れたのでしょう。

忠長事件では付家老《つけがろう》の朝倉宣正と鳥居成次《なりつぐ》が改易されました。２人とも独立の大名ではありませんが紹介しておきます。

朝倉宣正は駿河安倍《あべ》郡柿島《かきしま》（静岡市葵区）の生まれで掛川城主でしたが、あくまで忠長の家老という立場であったため、幕府からは正式な大名として認められていませんでした。

忠長が蟄居となったとき、忠長に諫言しなかったとして、**板鼻藩**《いたはな》主の酒井忠行《ただゆき》にお預けとなり、いったんは忠長とともに駿河に戻りましたが、１６３２年に忠長とともに改易されました。

鳥居忠政は家康の関東移封後に**矢作藩**《やはぎ》（香取《かとり》市）４万石の城主となりましたが、会津攻めのとき伏見城の留守を預かって西軍の開城勧告を退け、激戦の末に討ち死にしました。その子のうち、成次は忠長のお守り役となり、**谷村藩**《やむら》（都留《つる》市）３万５０００石を与えられましたが、忠長のわがままを抑えられませんでした。その子の忠房《ただふさ》が主君に連座して改易されました。

駿府は江戸時代には府中（駿河府中）と呼ぶほうが普通でした。甲府についてもそうです（甲斐府中）。明治になって徳川宗家16代家達が藩主となり、「府中」は「不忠」に通じるといって「静岡」に改称しました。大名家としては関ヶ原の戦いのあとに内藤信成《のぶなり》が封じられましたが、家康が隠居城と決めたことから、1606年に長浜城に移封されて**長浜**《ながはま》**藩**となり、翌年には家康が伏見から引っ越ししています。

1609年には家康の10男頼宣が城主となって家康と同居することになります。家康の死後の1619年に紀州に移封され、1625年に忠長が城主になります。1632年に改易となったため、1868年まで城代が置かれることになりました。

そのあいだ、幕末の1867年には会津藩を駿府に移すという案が幕閣で検討されたことがありますが、実現しませんでした。

8代将軍吉宗が紀州藩主より前に藩主を務めた「葛野藩」

江戸時代になくなった藩のなかに「吸収」という分類があります。これは主に支藩など別途で分家を立てていた殿さまが本家や宗藩の殿さまになったため、支藩などが消えてしまったというケースです。

最も劇的なケースは**吉江**《よしえ》**藩**（鯖江《さばえ》市）と**葛野**《かずらの》**藩**（越前町《えちぜんちょう》）です。紀州藩の初代は「南龍《なんりゅう》公《こう》」と呼ばれた徳川頼宣です。剛毅《ごうき》な貴公子で、大坂の陣のときに先陣を希望しましたが、かなわないため、「またの機会もござろう」と慰められたのに対し、「私の14歳は二度とない」と悔しがって家康を喜ばせました。

自分の隠居城である駿府城の城主として50万石を与えたほどでしたが、家康が死ぬと、兄秀忠は頼宣を紀州という僻地に追いやりました。

「国姓爺合戦《こくせんやかっせん》」で知られる鄭成功《ていせいこう》が援兵を求めてきたときには浪人数十万を率いて大陸に遠征しようとして本当に実現しそうになったのですが、大老だった井伊直孝に「太閤殿下の愚行を繰り返すつもりか」と反対されて断念しました。１６５１年の由井正雪《ゆいしょうせつ》の乱《らん》（慶《けい》安《あん》の変《へん》）では反乱軍の首領に担がれそうになったこともあります。

２代光貞《みつさだ》のときにはその嫡男綱教《つなのり》が５代将軍綱吉の鶴姫《つるひめ》と結婚し、男子のない綱吉は綱教を後継将軍にしようとしました。そして綱教の弟松平頼職《よりもと》に**高森藩**《たかもり》（越前市）３万石、松平頼方《よりまさ》（のちの徳川吉宗）にも葛野藩３万石を与えて大名にしました。

しかし、鶴姫が１７０４年、綱教が翌年５月、光貞が８月、藩主の座を兄綱教から継いでいた頼職が９月に相次いで死んでしまい、頼方がまずは紀州藩主に、次いで８代将軍吉宗となり、この過程で高森藩や葛野藩は廃藩となりました。

ちなみに、このときに吉宗は２０５人の家臣のみを幕臣として連れて江戸城に移り、紀州藩はそのまま残し、藩主には父の弟に始まる支藩の西条《さいじょう》藩の藩主が迎えられました。西条藩主は江戸定府《じょうふ》大名（参勤交代のない大名）で、紀州藩の相談役的な立場になっていたのです。

御三家については、幕府もこうした次男以下に小さい藩をつくって藩主にすることはよくありました。

梁川《やながわ》藩（伊達市）では、のちに派手好みの殿さまとして知られる尾張藩主となる徳川宗《むね》春《はる》が若いころに藩主でした。この梁川藩は宗春の尾張藩復帰のときにいったん廃藩になりましたが、のちに蝦夷地の松前《まつまえ》氏が蝦夷地の幕府直轄領編入にともなって藩主となっています。しかし、アイヌ統治のノウハウを持つ松前氏の排除はうまくいかず、蝦夷に復帰させることになり、今度こそ梁川藩は消えてしまいました。

第6章

「お家騒動」「大人の事情」で消えた藩

農民たちの大反乱で処分された「高山藩」の創業家

不祥事で取りつぶされたといっても、ほとんどは些細《ささい》な規則違反だとか、殿さま本人の個人的な乱行や病気などです。

そのなかで、派手な反乱や一揆の責任を取らされたというものもいくつかあります。

飛騨高山の町をつくった金森長近は土岐《とき》氏の一族で、蓮如上人《れんにょしょうにん》が京都を追われたあとに根拠地のひとつとした近江野洲《やす》郡金ヶ森《かねがもり》（守山市）にあったことがあって名字にしました。信長、次いで秀吉に従い、越前大野、次いで飛騨高山に封じられ、**上有知藩**《こうずち》（美濃市）も所領としました。この3都市は茶人であるとともに都市づくりの達人だった長近の傑作です。

高山藩《たかやま》は養子の可重《ありしげ》が継承し、大坂の陣で古田織部の弟子でもあった長男宗和《そうわ》が大坂寄りだったため勘当し、3男重頼《しげより》が跡を継ぎました。宗和は京都に住み、茶道の宗和流を創設しました。

6代頼時《よりとき》の1692年に上山《かみのやま》藩に移されましたが、これは飛騨の豊かな森林資源を狙った幕府の横暴でした。こののち、飛騨は幕府直轄領となり、高山藩が復興されることはありませんでした。

金森家では復帰を策し、高山には帰れなかったものの、5年後に近隣の郡上藩に戻りました。たび重なる引っ越しで財政難に陥り、困った藩首脳部は縁戚関係などを活用して幕府中枢の知恵を借りることにしました。姻戚である寺社奉行で相良《さがら》藩（牧之原《まきのはら》市）藩主の本多忠央《ただなか》を通じて勘定奉行の大橋親義《おおはしちかよし》と相談し、徴税強化請負人というべき黒崎左市右衛門を紹介されて雇い入れることにしました。

そして、年貢が毎年同じ定免法《じょうめんほう》からその年の作柄で決める検見法《けみほう》への切り替えを図ったのですが、農民一揆が勃発しました。藩庁はいったん取り消しを約束しましたが、江戸屋敷が幕府に頼んで、大橋の部下である美濃郡代の青木安清《あおきやすきよ》を派遣し、農民たちに新しい措置を呑《の》むことを強要させたのです。

農民たちは江戸で駕籠訴《かごそ》（待ち伏せしての直訴）や箱訴《はこそ》（将軍への直訴）を繰り返したのですが、要求は聞き入れられませんでした。また、帰国した金森頼錦《よりかね》が懐柔策として逮捕者の釈放を許したところ、一揆側の意気が上がっただけだったという失敗もありました。

そこに郡上藩が管理している越前の白山《はくさん》下ノ神社領をめぐる紛争が加わり、ついに1758年、幕府も捨て置けず、老中首座の堀田正亮《まさすけ》らが吟味して頼錦と本多忠央は改易、老中で田中藩主の本多正珍もお役ご免ということになりました。頼錦は盛岡藩南部家にお預けになりましたが、金森氏は旗本として生き残ることを許されました。

この処分を主導したのが将軍側近の田沼意次《たぬまおきつぐ》で、大いに名声を獲得し、実力者としての地位を確立しました。

島原の乱のあとに存在した天草の「富岡藩」

長崎県の島原半島と熊本県の天草で起きた騒動がひとつになって、最後は島原半島の原城に籠もったのが島原の乱（1637～38年）です。このうち、島原半島はキリシタン大名だった有馬氏が延岡に移封され、島原にキリシタンを残していったのが一因でした。

天草は小西行長の領地でしたが、関ヶ原の戦いで敗れて刑死し、旧領は加藤清正に与えられました。ところが熱心な法華経《ほけきょう》信者の清正が嫌ったのか、天草は唐津城主の寺沢広高に与えられ、清正には代わりに港町の鶴崎《つるさき》（大分市）が与えられました。

寺沢広高は島原半島の対岸にある富岡《とみおか》城を築いて統治したのですが、飛び地でもあり、十分に治め切れずに、小西旧臣らが騒動を起こしたのが島原の乱のきっかけでした。

責任を取って2代堅高《かたたか》は天草を没収され、これを恥じて自殺してしまいました。天草は成羽《なりわ》藩（高梁市）藩主だった山崎家治《やまざきいえはる》に与えられ、**富岡藩**《とみおか》（苓北町《れいほく》）4万2000石が成立しました。優秀な行政官だった家治は天草の立て直しに成功し、1641年に丸亀《まるがめ》藩に栄転しました。

そののち、山崎氏の移封のあとは幕府領となりましたが、1664年に戸田忠昌《ただまさ》が田原《たはら》藩から2万1000石で入封しました（このとき、寺沢氏時代の4万石は過大で重税の原因になったとして、石高が減らされました）。

忠昌は城の修繕費が領民の負担になると、三の丸を陣屋として残して富岡城を破却したといいます。そして忠昌が奏者番《そうじゃばん》兼寺社奉行となった当日に関東に移封となりました（政庁所在地不明）。それ以降、天草は幕府領となりました。

忠昌は老中となり、子孫は宇都宮藩主として廃藩置県を迎えました。忠昌は領民の負担を考えて城はいらないといったのですが、天草のような海防上の要地にいらなかったのかは大いに疑問で、たんなる平和ボケのような気がします。

「お家騒動」を利用した室町幕府、嫌った江戸幕府

大名家が取りつぶされる理由として、お家騒動はかなりの数にのぼります。室町幕府は大名家の内部争いをむしろ煽りました。将軍家の力を浸透させるチャンスだったからです。

しかし、江戸幕府では秩序の維持こそが徳川の天下を安定させるという哲学ですから嫌われました。それでも幕府が一方の当事者から介入を求められる、あるいは介入せざるをえないお家騒動はけっこうありました。その主因は跡継ぎ争いで、重臣同士の争いということもありました。

まず、家康がまだ健在だったころに起きた騒動が、越後**福島藩**《ふくしま》（上越市）の藩主として越後全体を支配した堀家の内紛です。堀秀政《ひでまさ》は織田信長の家来のなかで、柴田勝家、丹羽長秀、滝川一益、明智光秀、羽柴秀吉といった第1世代の重臣の次の世代のホープとして蒲生氏郷などと並ぶ存在で、北ノ庄城主でしたが、天下統一直後に死んでしまい、彼や氏郷がいなくなったことが徳川に天下を取られた原因のひとつでもありました。

堀直政《なおまさ》は秀政の従兄弟で、本姓は奥田《おくだ》氏でしたが、秀政と二人三脚で堀家を興隆させました。豊臣秀吉が「大名では自分に代わりうる者はいないが、陪臣《ばいしん》には3人の英傑がいる」といった話については、種本《たねぼん》によって若干の異同がありますが、小早川隆景、直江兼続、そして最後のひとりが鍋島直茂《なおしげ》か堀直政です。

ところが、この直政の子どもたちのお家騒動が本家の取りつぶしにつながってしまいます。秀政の子秀治は1606年に死去し、嫡男忠俊が家督を相続しましたが、忠俊は11歳の少年で、三条《さんじょう》城主の直政が政務を担いました。

その直政が1608年に死去し、その嫡子直清《なおきよ》と、坂戸《さかど》城（南魚沼《みなみうおぬま》市）城主で直清の異母弟の直寄が家督と本家への影響力をめぐって争いました。直清は忠俊に直寄の追放を求め、忠俊はこれに従いましたが、直寄は駿府の家康に対して直清の悪行を訴えました。

1610年、家康は駿府城で秀忠などを陪席させ、関係者を招集して吟味を行ったのですが、家康は直寄の肩を持ち、直清を擁護した忠俊を国主としての資格なしとしました。直清が浄土宗《じょうどしゅう》と日蓮宗《にちれんしゅう》の僧侶を集めて宗論を行わせ、敗れた浄土宗の僧侶を死罪にしたのですが、大名が勝手に宗論を行わせて一方を弾圧することを、家康は許しませんでした。

こうして忠俊は改易され、磐城平《いわきたいら》藩（いわき市）の鳥居忠政預かりとなり、直清も山形藩の最上義光《よしあき》預かりとなりました。勝訴した直寄も**坂戸《さかど》藩**から飯山《いいやま》藩4万石に減移封されましたが、民政で手腕を発揮し、大坂の陣で大功を挙げ、長岡藩から村上藩10万石に栄転していきました。

長岡藩、村上藩、それに長岡藩の外港である新潟の実質的な創始者はこの堀直寄とされています。江戸では上野に屋敷があり、不忍池《しのばずのいけ》を造成したのはこの直寄です。その後、村上藩10万石は孫の直定《なおさだ》が夭折《ようせつ》して断絶しましたが、直寄の次男直時《なおとき》は3万石を分与され、

安田《やすだ》藩（阿賀野《あがの》市）、次いで村松《むらまつ》藩（五泉《ごせん》市）に移り、幕末まで続きました。

直政4男の直重《なおしげ》も秀忠に仕え、大坂の陣などの功で須坂《すざか》藩1万石となり、幕末の直虎《なおとら》は若年寄《わかどしより》、外国奉行でしたが、江戸開城をめぐる議論のさなかに憤激して自刃しました。同じく直政の子直之《なおゆき》も江戸町奉行などを務め、その子直景《なおかげ》のときに**苅谷《かりや》藩**（いすみ市）1万石の大名となり、幕末は椎谷《しいや》藩（柏崎《かしわざき》市）で迎えました。

秀政には利重《としげ》という弟がいて、大坂の陣の功などで**玉取《たまとり》藩**（つくば市）の藩主となりましたが、3代通周《みちちか》が乱心し、家臣を殺害して改易されました。秀政次男の親良《ちかよし》の子孫は飯田《いいだ》藩（幕末で1万5000石）の藩主となり、親審《ちかしげ》は老中の水野忠邦《ただくに》の腹心として活躍して「堀の八方睨み」と恐れられ、阿部正弘《あべまさひろ》のもとで老中に就任しました。

直寄が村上藩主となる前に同地にあったのが村上忠勝《むらかみただかつ》です。村上は上杉謙信や景勝と争った国衆である本庄氏の本拠地で、地名も本庄でしたが、丹羽長秀の元家臣で堀秀治の与力とされた村上氏が領主となって改名したようです。しかし、家臣同士がテロを行う争いがあり、事態を収めることができず改易されました。

本庄氏のほうは米沢藩家老となり、15万石に減らされる前に領地だった福島市付近を治める城代でした。

最上家が山形57万石から「大森藩」1万石になった理由

豊臣恩顧の大名でもないのにあっさり57万石を改易されたのが最上氏です。山形城趾《じょうし》には戦国大名だった最上義光の銅像が建っています。何しろ最上氏時代には57万石の城下町だったのです。幕末にこの地を通過した浪士組《ろうしぐみ》の清河八郎《きよかわはちろう》も、現在の山形県のほぼ全域を支配したこの英傑の思い出を詩にしたほどです。

義光はいち早く秀吉に帰順しましたし、東北制圧にやってきた秀次に娘の駒姫《こまひめ》を差し出したのですが、秀次の失脚にともなって駒姫も処刑される不運に見舞われました。関ヶ原の戦いでは東軍に参加して上杉氏と戦い、庄内地方や出羽由利《ゆり》郡を加増されました。

しかし、義光の晩年から陰鬱な後継者争いが展開され、ついには幕府も見放したのです。義光長男は義康《よしやす》でしたが、義光と義康が不和だったのと、次男家親《いえちか》が江戸に送られて幕府と近かったため、義光は家親に家督を譲ろうとして、1611年に義康は謀殺されました。

そして義光は1614年に死去し、家督は次男家親が相続しましたが、大坂冬の陣のときに豊臣氏と親密だった弟の清水義親《しみずよしちか》を殺しました。家親は1617年に死去しましたが、まだ36歳でしたし、「猿楽《さるがく》を見ながら頓死《とんし》す。人みなこれをあやしむ」ということで、毒殺だった可能性もあります。

家督は息子の家信《いえのぶ》が継いだのですが、家信は若年だったうえに、凡庸で生活態度も悪く、家臣の多くが義光4男の山野辺義忠《やまのべよしただ》を擁立しようとしました。1622年には義光の甥松根光広《まつねみつひろ》が老中の酒井忠世に「家親の死は楯岡光直《たておかみつなお》の犯行」と訴え出る事件もありました。

幕府は調停を試みましたが、反対派は了承せず、土井利勝や南光坊天海《なんこうぼうてんかい》が相談し、1622年に改易ということになりました。ただし義俊《よしとし》(家信から改名)には**大森藩**《おおもり》(東近江市《ひがしおうみ》)1万石の所領を与えられました。義俊の死後に跡を継いだ義智《よしとも》が幼少のために5000石を申し出て交代寄合《こうたいよりあい》(参勤交代を行う旗本)ということになりました。

山野辺義忠は水戸の徳川頼房の家老となり、徳川光圀(水戸黄門)の教育係として知られています。楯岡光直は熊本藩に預けられ、子孫は家老となり、松根光広の子孫も親戚筋の宇和島藩の家老となって、幕末には伊達宗城《むねなり》を補佐した松根図書《ずしょ》が出ています。

山形藩は左遷大名の移転先になることが多く、最後の水野氏も老中だった忠邦の失脚にともなって浜松藩から移封されてきたものです。しかも戊辰戦争後には朝日山藩《あさひやま》(長浜市)に移封されたため、廃藩置県のときには殿さまはいませんでした。

「秀次事件」が伏線となって讃岐国主から旗本になった生駒家

高松城と丸亀城を築いた生駒《いこま》親正《ちかまさ》の実家は大和生駒にありましたが、15世紀の終わりの文明《ぶんめい》年間に尾張丹羽《にわ》郡小折《こおり》村（江南《こうなん》市）に移り、土豪で商いも手広くやっていました。美濃の土田《どた》政久《まさひさ》の子親重《ちかしげ》を養子としましたが、織田信長の母は親重の姉妹です。

親重の子である宗家の娘が信長の側室で信忠、信雄、徳姫の母吉乃《きつの》です。宗家の兄弟である親正は秀吉の配下に入り、１５８７年には尾藤知宣が不祥事で改易されたのちに讃岐一国を与えられました。

親正長男の一正《かずまさ》の孫高俊《たかとし》のときに生駒一族と前野《まえの》一族が争って国を奪われました。親正の親友で前野長康《ながやす》という者があり、豊臣秀次の家老でしたが、秀次の失脚に連座して切腹しました。遠藤周作《えんどうしゅうさく》の『男の一生』の主人公です。

高俊が若くして藩主になったとき、外祖父の藤堂高虎は一族で家老の生駒将監《しょうげん》・帯刀《たてわき》父子が藩政を牛耳っていると見て、生駒氏と縁が深い前野一族を家老に入れました。ところが彼らは高俊を甘やかし、若殿さまは男色にうつつを抜かし、あわせて小姓たちに音曲《おんぎょく》をさせ、参勤交代の街道筋で披露するなどしました。

こうした乱脈を怒った帯刀は江戸に出て前野らを告発したため、藤堂高虎の子高次《たかつぐ》らは両派の家老を切腹させてことを収めようとしました。しかし、これが国元に伝えられるや、帯刀派の家臣が抗議して切腹は中止され、藩主も帯刀側についたため、今度は前野派が脱藩する騒ぎになりました。

結局、幕府が吟味した結果、おおむね帯刀派の主張が認められましたが、高松藩は1640年に取りつぶしとなり、生駒氏は矢島《やしま》藩（由利本荘《ゆりほんじょう》市）1万石となりました。前野派の多くは死罪となり、帯刀は松江藩預かりとなりましたが、のちに仇討《あだう》ちにあって殺されました。

生駒家は高俊が1659年に死んだときに禄高を2人の子に分割したため、8000石の交代寄合となりましたが、1868年に1万石の諸侯に復活しました。

姫路城を築城した池田輝政は最初、中川清秀の娘を正室とし、生まれたのが嫡男の利隆《としたか》です。輝政は継室として、家康の娘で北条氏直未亡人の督姫と再婚して男子だけで4人を儲けました。

彼らは家康の外孫ということで、52万石の輝政の生前から、次男忠継《ただつぐ》には岡山藩28万石、3男忠雄《ただかつ》には**洲本《すもと》藩**6万石が与えられていました。

輝政が死んだときには42万石が利隆によって引き継がれ、10万石は輝澄《てるずみ》（山崎《やまさき》藩＝宍粟《しそう》市)、政綱《まさつな》(赤穂《あこう》藩)、輝興《てるおき》(**平福《ひらふく》藩**=佐用《さよう》町→赤穂藩)に分けられました。また、忠継は早く死んだため、忠雄が岡山城主になりました。

このときに輝澄もその所領から播磨宍粟郡3万8000石を分与されて山崎藩の藩主となり、政綱の死去で輝興が赤穂に移ると、佐用郡3万石もあわせて6万8000石となりました。

しかし、家内の統制は取れず、小河《おごう》四郎右衛門と伊木伊織《いきいおり》という2人の家老が対立し、伊木派の藩士の多数が脱藩する騒ぎとなりました。幕府の裁定で伊木伊織以下20名が切腹となり、輝澄も家中不取締を理由に改易され、鳥取藩主の池田光仲《みつなか》預かりとなりました。

輝澄は鳥取藩内の鹿野《しかの》で1万石の堪忍料をあてがわれ、嫡男政直《まさなお》はあらためて福本《ふくもと》藩(神河《かみかわ》町)1万石に封じられました。

1665年に死んだときには嗣子がなかったため、弟政武《まさたけ》に7000石、政済《まさなり》に3000石が分与されて交代寄合となり、福本藩はなくなりましたが、1868年に諸侯として復活しました。

大河ドラマ「樅ノ木は残った」の伊達騒動で消えた「岩沼藩」

伊達騒動は黒田騒動、加賀騒動などとともに最も有名なお家騒動ですが、その規模、長さ、関連する人物が多いことにおいても最大のものですし、歌舞伎の『伽羅先代萩《めいぼくせんだいはぎ》』やNHK大河ドラマ「樅《もみ》ノ木は残った」の題材になるなど、よく知られたものです。

「3代綱宗《つなむね》隠居事件」「寛文《かんぶん》事件」「4代綱村《つなむら》隠居事件」という3期に分けられますが、よく知られるのは「寛文事件」です。

伊達政宗が長生きしたのちも、政宗と正室愛姫《よしひめ》の子忠宗の治世（1636〜58）は手堅く過ごした仙台藩ですが、3代綱宗は凡庸でだらしない生活を送って政務を顧みなかったため、幕命により1660年に無作法の儀ということで、21歳で隠居させられました。

この隠居を主導したのが政宗10男で3万石の一関《いちのせき》藩主だった宗勝《むねかつ》です。宗勝は幕閣にも強く、池田光政《みつまさ》（岡山藩主）、立花忠茂（柳川藩主）、京極高国《たかくに》（宮津藩主）といった親戚筋を味方にし、老中の酒井忠清に願い出てこの隠居を実現し、綱宗長男で2歳の綱村を藩主にしました。そして綱宗庶兄で**岩沼藩《いわぬま》**3万石の藩主の田村宗良《たむらむねよし》とともに藩政を牛耳りました。

伊達家では重臣たちがそれぞれ独立性の高い領地を持ち、小大名のように各地に割拠していました。当初はそのことで政宗が不在でも統治は行われるメリットもあり、彼らが競争で開発を進めて経済も発展しました。

しかし、時代が移って他藩が中央集権的に藩政改革を進めている時期になっても中世的な体制が健在ということになりました。そこで宗勝は強引に藩政改革を進めようとしたのですが、その過程で、伊達一族をはじめ、多くの家臣を粛清しました。

それに対して、伊達安芸《あき》を筆頭に有力家臣が反旗を翻し、最後は大老になっていた酒井忠清の屋敷で評定《ひょうじょう》が開かれ、情勢が不利と見た宗勝腹心の原田甲斐《はらだかい》が安芸を殺害し、自分も1671年に酒井家の家臣に討たれました。

結局、宗勝はみだりに刑罰を科して藩政の混乱をもたらし、江戸での刃傷《にんじょう》沙汰まで招いたとして、一関藩は改易となりました。

そののち、1681年になって田村宗良の子宗永《むねなが》が岩沼から一関に移封され、一関藩が復活しました。宗永は学識があり、5代将軍綱吉に重用されて譜代格、奏者番となり、格式も城主格とされました。浅野内匠頭長矩《たくみのかみながのり》が刃傷沙汰を起こしたときに預けられたのが一関藩邸で、そこで切腹させられました。

家臣とのケンカで40万石を没収された加藤嘉明の子

会津若松では関ヶ原の戦いの結果、上杉氏が米沢に移って蒲生氏が復帰していましたが、仙台の伊達政宗に対抗するには力不足ということで、伊予松山城主だった加藤嘉明が1627年に移ってきて、1643年にその長男明成《あきなり》がお家騒動で改易されるまでこの地を治めました。

伊達氏、蒲生氏、上杉氏、保科（松平）氏に比べて影が薄いのですが、現在の会津若松の城と城下町は彼らがかたちを整えたものです。

蒲生氏が伊予松山に移ったあとの若松城には、まだ存命だった伊達政宗を抑えるために、松山城を築いた戦国武将の生き残りだった加藤嘉明が選ばれました。藤堂高虎も候補でしたが、高虎の推挙で嘉明になったともいいます。

蒲生氏郷の城は天下統一直後のもので、急ごしらえの旧式でした。しかも会津地震で天守閣が傾いたりしていたため、加藤氏は大改修をほどこしました。その結果も含めて、若松城と城下町の構造のことを少し紹介しましょう。

江戸に出るには険しい山中を突っ切る背《せ》炙《あぶり》峠から白河に出るのが主街道だったのを、北の山腹を回り込むようにして標高差を減らした滝沢《たきざわ》峠回りにしました。これにともなって、若松城の東の天寧寺《てんねいじ》口が大手だったのを北の甲賀町《こうかまち》口に改めましたが、これは町人町に近く、都市構造としても賢明でした。

防御面でも北と西の馬出《うまだし》（簡単な城門曲輪《くるわ》）を本格的な出丸《でまる》とし、本丸に近づけないように複雑な工夫を充実させました。戊辰戦争でも官軍の城内突入を許さなかったのは、このときの改造の成果です。

蒲生氏郷が創建した天守閣は7重でしたが、会津地震で大きく損傷して傾いたため加藤氏のときに改築し、現在の5層のものになりました。もともとは岡山城のように黒い漆で塗った板張りの壁でしたが、加藤氏がいまのように白い塗り込めの壁にしました。白さと適度にシンプルなデザインが東北の青い空に、じつによく似合います。もとは赤い瓦だったようで、それに戻すべく復元工事がされました。

こうして若松城は全国屈指の名城となり、猪苗代《いなわしろ》、白河方面への交通も便利になりました。加藤嘉明は前任地の伊予松山藩でも20万石という石高に不相応な城と城下町をつくり、それが四国一の大都市としての基礎となって、現代まで生きています。

伊予松山でも若松でも、短期間に集中した工事は領民にとっては過酷なものでした。当時は借金で公共事業をすることが難しかったのです。現代では本当に将来の資産になるようなインフラなら、国が保証した地方債の発行などでやることも可能ですが、それもできなかったのです。その意味で、加藤氏の統治は評判のよいものではありませんでしたが、地域発展の基盤づくりということでの功績は抜群です。

ところが加藤明成は家臣の堀主水《ほりもんど》と大ゲンカをしました。父の嘉明のことを何かにつけ引き合いに出して諫言する堀を煙たがり、堀の家臣を些細な理由で厳罰にしたり、嘉明から与えられた金《きん》の采配を取り上げたりしました。

あまりの仕打ちに、堀は若松城に向かって鉄砲を撃ちかけたあげく、会津を去って高野山に籠もりました。悔しがった明成が幕府に40万石と交換でもよいから堀の身柄を引き渡すように要求したため3代将軍家光が堀を引き渡したところ、明成は堀を虐殺するなどしたため改易され、その子の明友《あきとも》が**吉永藩**《よしなが》（大田市《おおだ》）1万石のみを与えられました。その後、加藤家は紆余曲折《うよきょくせつ》ののちに水口藩2万5000石で幕末まで生き残りました。

1622年、徳川家光が鎧着《よろいぎ》という成人の儀式を挙行したとき、介添役に選ばれたのが、賤ヶ岳七本槍のひとりとして勇名を馳せた伊予松山城主の加藤嘉明でした。生まれながらの将軍といわれたお坊っちゃま育ちの家光に「本物」の戦国武者の心意気を伝授させようとしたのですが、家光は鎧の重さに耐えかねてよろめき、周囲を落胆させました。

なお、俗にいう会津藩は版籍奉還前になくなっていたので、正式な藩名はありませんが、もし残っていたら若松藩だったはずです。

嘉明の3男明利《あきとし》は二本松《にほんまつ》藩3万石を与えられましたが、宗家が会津を収公された際に旗本に格下げされました。

織田家の子孫たちをめぐる人生いろいろ

織田家で大名として幕末を迎えたのは信雄の子孫である柏原《かいばら》藩(丹波《たんば》市)、天童藩、信長の弟有楽斎長益の子孫である柳本藩と芝村藩でした。

江戸時代のはじめには、このほかに信長の同母弟といわれ、序列では信忠、信雄の次に位置し、信孝や津田信澄より上位にあった信包の系統があったのです。

信包は伊勢の豪族である長野《ながの》氏を継いで安濃津城主となり、同母姉妹と見られるお市《いち》の方《かた》と浅井3姉妹を預かっていたこともあります。

1594年に秀吉の勘気《かんき》をこうむって改易されました。しかし、1598年に柏原藩主となり、大坂城では淀殿と秀頼の相談役でしたが、大坂の陣を前に1614年に死去しました。そして孫信勝《のぶかつ》の死後に無嗣断絶となりました。

信包長男の信重《のぶしげ》が慶長年間に**林藩《はやし》**（津市）1万石を得たのですが、柏原の遺領を弟信則《のぶのり》が継いだことを不満として争いました。しかし、父親の遺言に異を唱えたことが不届きだとして改易されてしまいました。

信武《のぶたけ》は信雄から大和**松山藩《まつやま》**（宇陀《うだ》市。旧宇陀郡）を受け継いだ高長の孫です。従四位下出雲守《いずものかみ》という高い官位を持っていましたが、1694年に松山陣屋で自殺しました。

信武の自殺は乱心とされましたが、宇陀崩れというお家騒動がありました。家臣団には信雄から仕えた古参衆と、父から呼び戻されるまで寄寓《きぐう》していた前田家から連れてきた加賀衆の2派に分かれ、対立が絶えなかったのです。

信武は加賀衆を擁護し、古参衆の田中安定《たなかやすさだ》を手討ちにして登城を拒否した生駒則正《のりまさ》を一族もろとも討ち果たしたのですが、世間に知れ渡って自殺しました。

幕府は長男信休《のぶやす》を柏原藩2万石に減移封して従四位下侍従の官位を与えられる格式と国主大名の格式を剥奪し、信休からは従五位下諸大夫《しょだいぶ》とされました。

伊勢亀山の土豪だった関一政《せきかずまさ》は蒲生氏郷の姉妹を正室として、氏郷の会津時代には白河城主でした。関ヶ原の戦い後は伊勢亀山に復帰を許されて中村《なかむら》氏改易後の**黒坂藩《くろさか》**（日野町）5万石に移りましたが、家臣同士の内紛が激しくなって改易されました。

小早川秀秋に裏切りを教唆したのは平岡頼勝と、春日局の夫だった稲葉正成です。平岡氏は清和源氏頼光流《よりみつりゅう》で、先祖が河内平岡《ひらおか》郷（四條畷《しじょうなわて》市、寝屋川《ねやがわ》市）にありました。小早川氏滅亡のあと、家康から**徳野《とくの》藩**（可児《かに》市）1万石を与えられたのですが、子の頼資《よりすけ》の死後に相続争いが起きて所領を没収され、旗本として残りました。

幕末に御側御用取次《おそばごようとりつぎ》として14代将軍家茂《いえもち》の就任などに活躍し、1864年に船形《ふながた》藩（館山市）1万石となった平岡道弘《みちひろ》は一族といわれます。

菰野《こもの》藩主の土方《ひじかた》氏の先祖である雄久《かつひさ》は織田信雄に仕えて犬山《いぬやま》城主でしたが、信雄の改易後は秀吉、次いで家康に仕えました。多古《たこ》藩1万5000石となって次男雄重《かつしげ》が継ぎ、**窪《くぼ》田《た》藩**（のちに**菊多《きくた》藩**。いわき市）2万石となりましたが、雄重の孫雄隆《かつたか》のときの1684年に内紛で改易されました。

家臣の林氏の養子となっていた弟貞辰を仮養子として跡を継がせようとしました。ところが、国元の家臣は他家に入った貞辰ではなく、兄でありながら病弱で跡を継がなかった雄信の子内匠《たくみ》を推し、雄隆も承知して江戸に連れてきましたが、今度は江戸詰の家臣たちが貞辰を推し、貞辰も幕府大目付《おおめつけ》に提訴しました。

雄隆の側室の射殺事件が起きたために改易となり、仲裁を依頼されながら放置していたということで、雄隆義弟で久留米藩支藩の**松崎藩**《まつざきはん》（小郡市《おごおりし》）藩主の有馬豊祐《とよすけ》も改易されました。

有馬豊祐は出石藩《いずしはん》（豊岡市《とよおかし》）藩主の小出吉重《こいでよししげ》次男で、生母は久留米藩初代の有馬豊氏の娘です。久留米藩2代藩主で伯父の忠頼《ただより》に子どもがなかったため養子になりましたが、実子が生まれたため、代わりに1万石を分与され、陣屋を構えて大名になったものです。この有馬氏は島原半島出身の有馬氏（越前丸岡藩主）ではなく、赤松氏の一族で摂津有馬郡出身の家柄です。

殿さまの押し込めに失敗したら藩自体がなくなった

「一筆啓上火の用心　お仙《せん》泣かすな　馬肥やせ」という「日本一短い手紙」で名を残す殿さまが本多重次《しげつぐ》で、かつて本多家が殿さまだった福井県丸岡町（坂井市）でははがきのコンクールなどをしていました。

膳所藩の本多氏などとともに三河宝飯郡《ほいぐん》伊奈《いな》（豊川市《とよかわし》）にあったため、「伊奈の本多」と称されるグループです。重次は「鬼作左《おにさくざ》」と呼ばれ、大政所が岡崎を訪れたときに、周囲に薪を積んで威嚇したことでも知られます。子の成重《なりしげ》は越前の松平忠直を補佐するために丸岡城主とされましたが、のちに独立して丸岡藩4万3000石となりました。4代重益《しげます》のときに太田又八という家臣が暗愚で遊興にばかり熱心な主君を押し込めて隠居させようとしたのですが、反対派が立ち上がって殿さまは復帰しました。重益は又八を入獄させて餓死させたのですが、幕府の知るところとなって改易されました。

京極高次の弟高知《たかとも》は2度目の妻の父毛利秀頼の領地である飯田を引き継ぎました。毛利秀頼は斯波一門といわれますが、武田攻めのあと、織田信長から信濃伊那郡を拝領していました。

関ヶ原の戦いのとき、高知は家康の会津遠征に同行してそのまま東軍に加わり、宮津藩12万3000石をもらいました。母で浅井長政《ながまさ》の姉だった京極マリアは熱心なキリシタンで、高知もそれを引き継ぎました。

死後、領地は宮津藩、田辺《たなべ》藩（舞鶴《まいづる》市）、峰山《みねやま》藩（京丹後《きょうたんご》市）に3分され、宮津藩には嫡男高広《たかひろ》が入りました。宮津藩を与えられた高広はエキセントリックな性格で、騒動を起こして自滅しました。

高知の次男として伏見で生まれ、1622年の父の死去によって宮津城と12万3000石の遺領のうち7万8200石を継ぎました。1648年に隣藩である福知山《ふくちやま》藩主の稲葉紀通《のりみち》に寒鰤《かんぶり》100匹をねだられたのですが、これを幕府への贈り物として使われることを避けるために、すべて頭を切り落とした鰤を進呈しました。

いわゆる「打ち首」の状態で、武士の贈り物としては非常識なため、宮津藩から挑発を受けたと福知山藩が思ったのでしょう。この非礼に激怒した福知山藩は藩内を通行する宮津藩の領民の首をはねて殺害するという報復をしました。

あるいは儒者の新井白石《あらいはくせき》の『藩翰譜《はんかんふ》』では、紀通自身が宮津藩の飛脚《ひきゃく》を狙撃しようとし、誤って他家の飛脚を殺害したそうです。幕府に激しく叱責された紀通は自害してお家断絶になりました。

高広の悪政も相当なものだったらしく、農民が藩外に逃散したりしました。長男高国に家督を譲って隠居したのですが、隠居後も藩政に介入して高国と対立し、幕府に不孝を理由に弟に家督を譲らせるように訴えたりしたために、1666年に宮津藩は激しい親子ゲンカのせいで改易されるという前代未聞の事件を起こしました。ただし、子孫は高家《こうけ》旗本としては生き残りました。

那須《なす》氏は源平《げんぺい》合戦の屋島《やしま》の戦いで扇を射落とした那須与一《よいち》で知られる関東の名門です。那須資景《すけかげ》は小田原攻めへの参陣の遅れで烏山《からすやま》城（那須烏山市）は没収されたものの、**那須《なす》**

藩1万4000石が認められました。

子の資重《すけしげ》のときの1642年に無嗣断絶したものの、4代将軍家綱の生母お楽《らく》の方《かた》の弟資弥《すけみつ》が名跡を継ぎました。

お楽の方は美貌に目をつけた春日局の引きで側室となりました。父親は青木利長《あおきとしなが》といいますが、由来がはっきりしません。お楽の方の弟正利《まさとし》が母方の増山《ますやま》氏を名乗っているところを見ると、何か不都合があったのかもしれません。

増山正利は1647年に相模高座《こうざ》郡1万石で大名となり、1659年に西尾《にしお》藩2万石を得て、幕末は長島藩（桑名市）藩主でした。正利の弟資弥は旗本として名跡が残っていた名門の那須家の養子となって烏山城に復帰しました。

そのあとは正利の娘の子で津軽信政《のぶまさ》の子資徳《すけのり》が継ぎました。資弥には実子として長男正《まさ》弥《みつ》と次男福原資寛《すけひろ》がいました。正弥を兄正利の養子にする代わりに、兄の外孫である資徳を自分の跡取りにしようとしたらしいのですが、幕府に実子の資寛の存在を隠し、生母と次男が幕府にこれを訴えたため、この小細工を不届きだとして改易されたのです。これを烏山騒動といいます。その後、資徳は津軽家に預けられましたが、のちに旗本として復活し、名跡は残りました。

第7章
「セクハラ」「パワハラ」「スキャンダル」で消えた藩

悪行の総合商社と化して切腹した竹中半兵衛の一族

大名の改易の理由として、内紛ではないですが、さまざまな仕事のうえでの失敗もあります。まずは、これだけの悪政はないというのが、秀吉の軍師であり、「太閤記」や講談などでは大スターである竹中半兵衛《たけなかはんべえ》の子孫です。

三木《みき》城攻撃の陣中で死にましたが、従兄弟の竹中重利《しげとし》は関ヶ原の戦いのときに小西行長を捕らえた功で豊後に移り、最後は府内藩2万石に栄進しました。

その子重義《しげよし》は長崎奉行となりましたが、悪代官として悪行の数々を理由に切腹させられました。無理難題で他人の財産を奪った、美人の妻妾《さいしょう》を取り上げて、その夫を追放した、賄賂を取って不公平な裁判をした、将軍宛てに町人が献上した品物を横領した、密貿易をしたなど、やりたい放題だったようです。キリシタン弾圧も過酷で、踏み絵を始めたのはこの人だといわれています。

家財を没収したとき、徳川家に不幸をもたらしたとして嫌われていた村正《むらまさ》の刀が二十数振《ふり》出てきて、追及を受けた重義が「世が変われば村正は価値が出る」といったという話もあります。

桃山文化を代表する庭園や建築づくりの名人として知られる小堀遠州の本貫《ほんがん》（発祥の地）

は坂田《さかた》郡小堀（長浜市）です。浅井氏に属しましたが、正次《まさつぐ》が秀吉と秀長に仕え、関ヶ原の戦いのあとに備中松山藩（高梁市）1万5000石の大名となりました。子の政一《まさかず》（遠州）は近江**小室《こむろ》藩**（長浜市）1万2000石に転じ、駿府城など各地で作事《さくじ》奉行として腕を振るい、茶道の遠州流も創設しました。1788年に伏見奉行を務めていた政方《まさみち》が私腹を肥やすために伏見町民に重税をかけていたことが露見して改易されました。ただし、旗本として再興されました。

遅刻、サボリで消えた藩

一柳《ひとつやなぎ》氏は伊予河野《こうの》氏の一族ですが、美濃の土岐氏に仕えていました。一柳直盛《なおもり》は父祖の地である西条藩6万8000石をもらい、遺領は兄弟で分割されましたが、その孫の直《なお》興《おき》が勤務怠慢を理由に改易されました。

その理由は、禁裏《きんり》造営の助役を命じられたが、竣工《しゅんこう》時に京都に所在せず、天皇がすでに禁裏に入ったあとになってやってきたこと、病気で参勤交代の遅滞が生じたが、その届け出が遅れたこと、好色にして無作法であるとの風聞があることなどが理由とされました。

ただし、一柳家は小野《おの》藩と小松《こまつ》藩（西条市）の藩主としては廃藩置県まで続いています。

柴田勝家の養子で、清洲会議のあとに長浜城主となった勝豊《かつとよ》の重臣だった徳永寿昌《とくながながまさ》の子昌重《まさしげ》は高須《たかす》藩（海津《かいづ》市）５万３０００石でしたが、大坂城再建普請の遅延を理由に改易されました。５万石もの大名の改易理由としては軽微で、少し謎が残ります。

三木城主の別所長治《べっしょながはる》は秀吉の兵糧《ひょうろう》攻めによって滅びましたが、一族の吉治《よしはる》は綾部《あやべ》藩２万石の大名でしたが、１６２８年に「病と称して鷹狩《たかが》りに興じて参勤を怠った」ことで改易されました。

武田氏のもとで沼田城代だった藤田信吉《ふじたのぶよし》は上杉景勝に属して佐渡制圧などに活躍しました。関ヶ原の戦いでは徳川方との仲介を試みましたが、失敗しました。**西方《にしかた》藩**（栃木市）１万５０００石を得ましたが、大坂の陣での失態で改易されました。

親戚のミスのとばっちりで消えた藩

譜代大名で**阿保《あぼ》藩**（群馬県南東部または埼玉県北西部）藩主だった菅沼定盈《すがぬまさだみつ》８男の定官《さだすけ》は柳川藩主だった田中吉政《たなかよしまさ》３男で柳川藩改易後に名跡を残し、各地で２万石の知行を得て大名になっていた田中吉興《よしおき》の娘婿となり、吉官《よしすけ》と改名して跡を継ぎましたが、秀忠の小姓《こしょう》頭《がしら》を務めていたところ、同輩の三宅藤五郎の罪に連座して改易されました。子孫は旗本として生き残っています。

「守山《もりやま》崩れ」（名古屋市守山区）で家康の祖父松平清康が阿部弥七郎《あべやしちろう》に暗殺されたとき、弥七郎を討ち取ったのが植村氏明《うえむらうじあき》です。土岐氏の一族が遠江上村郷《うえむらごう》（袋井《ふくろい》市か）に移って植村氏を名乗ったといいます。松平長親に仕えて碧海郡東本郷《ひがしほんごう》（岡崎市）にありました。

本家では家次《いえつぐ》が信康に仕え、その死後に徳川家を離れましたが、その子の植村家政《いえまさ》が秀忠に近侍して大坂の陣で功があり、大番頭《おおばんとう》などを務めて高取《たかとり》藩2万5000石となって廃藩置県を迎えています。

氏明の甥泰忠《やすただ》と嫡子泰勝《やすかつ》は本多忠勝のもとで活躍して上総勝浦《かつうら》にありましたが、忠朝《ただとも》の代の1682年に**勝浦《かつうら》藩**1万1000石の藩主となりました。しかし、1751年に分家の植村千吉が義弟の朝比奈義豊に殺害され、義豊も自害するという事件が起こったとき、藩主の恒朝《つねとも》は幕府には病死と偽って報告しました。しかし、朝比奈家から出された届けと異なったために虚偽がわかり、大御所だった徳川吉宗の死去による恩赦で、改易はされましたが、本家の高取藩主の植村家道《いえみち》預かりとなりました。

5代将軍綱吉の誘いを断ったために消えた藩

「元禄文化《げんろく》」の花を開かせ、経済を大いに発展させた5代将軍綱吉は功績も大きいのですが、「生類憐《しょうるいあわ》れみの令《れい》」などの奇行に天下が振り回された時代でもありました。

とくに大名にとっては、いつなんどき些細な失敗で改易されかねないため、緊張感が走りました。戦国時代に土佐一条《いちじょう》氏の本拠があり、「小京都」と呼ばれた中村《なかむら》（四万十《しまんと》市）には山内一豊の弟康豊《やすとよ》が立てた土佐**中村藩《なかむら》**がありました。

とくに大名や旗本が困ったのは、気に入られてお側《そば》に仕えたことが徒《あだ》になってお家取りつぶしになることもあったことです。その被害者として有名なのが土佐藩支藩の中村藩主の山内豊明《とよあきら》でした。中村藩は康豊の子忠義《ただよし》が土佐藩2代藩主となり、忠義の弟政豊《まさとよ》が死去したことでいったん廃されましたが、忠義次男の忠直《ただなお》が再興しました。

その子豊明は狐《きつね》を追い払うまじないを見せて綱吉に気に入られ、外様であるにもかかわらず若年寄となり、老中を命じられたともいいますが、あまりの栄進に不安を持って病気を理由に辞退したところ、綱吉の逆鱗《げきりん》に触れました。務めが果たせないならと、3万石のうち2万7000石を減封されて旗本とされ、次いで3000石を残してもらったお礼をしなかったといって取りつぶされ、浜松に配流されてしまいました。

その子豊産《とよただ》は麻布《あざぶ》山内氏という分家の養子となり、本家からも領地を分与されて高知新田《こうちしんでん》藩を1790年に立て、幕末まで続きました。土佐藩としては、もともとこの支藩に与えられた1万3000石は20万2000石の内数であるため実害はありませんでしたが、いずれにせよ、迷惑な話でした。

秋月種信《たねのぶ》5男で**長沼《ながぬま》藩**（飯山市）藩主の佐久間勝豊《さくまかつとよ》の婿養子となった勝茲《かつちか》は、1688年に綱吉から御側小姓《おそばこしょう》を命じられたのですが、病と称して辞退しました。これが仮病だとして逼塞《ひっそく》を命じられ、さらに再び仮病で勤務を拒否したため、改易されました。

この佐久間家は賤ヶ岳の戦いで戦死した盛政《もりまさ》の弟勝之《かつゆき》の子孫です。

小田急《おだきゅう》小田原線に喜多見《きたみ》駅がありますが、ここに本拠を置く喜多見氏は江戸幕府でも旗本として生き残っていました。喜多見重政《しげまさ》は綱吉の側用人《そばようにん》として**喜多見《きたみ》藩**（世田谷《せたがや》区）2万石になりましたが、重政は「生類憐れみの令」の忠実な推進者として知られていました。

それが改易されたのは、一族の喜多見重治という者が、自身の妹の夫とケンカして殺害したことに連座したとか、諫言して怒らせたとか、いろいろな説があります。

姫路藩酒井家はかつて前橋藩主でしたが、その分家の酒井忠能《ただよし》は2万2500石を分与されて伊勢崎《いせさき》藩主となり、小諸藩3万石から田中藩4万石にまで昇進しましたが、甥で前橋藩主の忠挙《ただたか》が謹慎させられたとき、江戸に来て出処伺いを立てることを怠ったということで、旗本に格下げされました。

本家の酒井忠清が綱吉の将軍就任に反対し、鎌倉幕府の前例にならって京都から有栖川宮《ありすがわのみや》を迎えようと画策したことへの報復だったと見られます。

松平家の先祖のひとりである信光8男の光親《みつちか》から出て額田郡《ぬかた》能見《のみ》(岡崎市)を本拠にしたのが能見松平家です。松平忠輝の付家老として重勝《しげかつ》が**三条藩**《さんじょう》2万石を得ましたが、忠輝の失脚後は関宿藩《せきやど》(野田市《のだ》)2万6000石から横須賀城主兼駿府城代となりました。上山藩、三田藩《さんだ》、**竜王藩**《りゅうおう》(宇佐市)、豊後高田藩《たかだ》と移り、5代重栄《しげよし》が杵築藩《きつき》3万2000石になりました。

その分家の勝隆《かつたか》は寺社奉行を務めて佐貫藩《さぬき》(富津市《ふっつ》)藩主になります。子の重治《しげはる》は品川《しながわ》氏(今川氏が改名)からの養子で、やはり寺社奉行を務めましたが、1684年に追放されていた羽黒山《はぐろさん》(鶴岡市)の山伏《やまぶし》の良覚《りょうがく》の面倒を見るなど、みだりに身分の低い者と交わって綱紀を乱したとして改易され、身柄は会津藩主の松平正容《まさかた》に預けられました。佐貫城は破却されて会津に移送されましたが、そこで死去しました。嫡男勝秀は許され、500石の旗本として存続しました。

無謀な石高設定で自滅した真田氏の子孫

真田氏の発祥の地は信濃小県郡真田村（上田市）です。上田市東部に位置しますが、ここから鳥井《とりい》峠を越えると上野吾妻《あがつま》郡嬬恋《つまごい》村で、そのまま東に進むと利根《とね》郡に入り、越後から三国《みくに》峠を越えて入る街道を睨む沼田に達します。一見、上田と沼田という真田氏の領地は互いに離れているように見えますが、じつはつながっているのです。

NHK大河ドラマ「真田丸《さなだまる》」でも描かれたように、幸村の兄信之《のぶゆき》には従姉妹の清音院殿《せいいんいんでん》（ドラマでは「こう」）という妻がいましたが、本多忠勝の娘と結婚するために離縁されました。その清音院殿が産んだ子が信吉《のぶよし》で、庶長子という扱いになって沼田城を引き継ぎました。

その子信利《のぶとし》は、一時は松代《まつしろ》藩（長野市）を継ぐ可能性もあったのですが、認められず、不満を検地による増収にぶつけ、14万4000石という無茶な石高を打ち出しました。当然、農民の不満は極致に達し、しかも1680年の洪水で大破した江戸の両国《りょうごく》橋（中央《ちゅうおう》区、墨《すみ》田《だ》区）の用材を提供することを約したものの、元来、領内に良材は少なく、さらにそれも洪水で流されたりして、納期に間に合わせることはできませんでした。あれやこれやの不始末で、信利は改易されて山形藩に預けられてしまいましたが、そののちに幕府が再検地したところ6万石ということになり、真田家の無謀な統治が白日のもとに明らかにされました。

ただし、真田氏によって築かれた沼田城は5層の天守閣を持つ本格的なもので、上野に存在した最高水準の城でしたが、真田氏の改易で破却されてしまいました。

加々爪《かがづめ》氏は遠江山名《やまな》郡にあって今川氏に仕えました。家康に属した加々爪政豊《まさとよ》は伏見大地震で圧死しましたが、孫の直澄《なおずみ》は、いまでいえば暴走族のような乱暴者の旗本奴《はたもとやっこ》として知られ、町奴《まちやっこ》として知られた幡随院長兵衛《ばんずいいんちょうべえ》と争ったりしていましたが、寺社奉行となり、遠江**掛塚**《かけづか》**藩**（磐田《いわた》市）１万３０００石を領しました。養子の直清《なおきよ》が旗本の成瀬正章《なるせまさあきら》との知行地境界問題で幕府に提出した書類に誤りや矛盾があったため、１６８１年に改易されました。

和歌山城は大和郡山城主で和泉、紀伊とあわせて１００万石の領地を持っていた豊臣秀長が紀州支配の拠点として築き、尾張の人で丹羽長秀に仕えていた桑山重晴《くわやましげはる》を3万石知行の城代とし、秀長とその養子秀保が死んでからは独立の大名になりました。

関ヶ原の戦いでは家康に与し、嫡孫一晴《かずはる》に**布施**《ふせ》**藩**（のちの大和新庄《しんじょう》藩。葛城《かつらぎ》市）２万石、次男元晴《もとはる》に**御所**《ごせ》**藩**１万２０００石（のちに重晴の遺領をあわせて2万６０００石）、さらに重晴の遺領の一部を割いて元晴長男の清晴《きよはる》に**谷川藩**《たにがわ》（岬《みさき》町）1万石がそれぞれ与えられました。しかし、谷川藩は詳細はわかりませんが、1609年に将軍の勘気に触れて改易、御所藩は1629年に無嗣断絶、新庄藩も一尹《かずただ》の代の1682年に寛永寺において4代将軍家綱の法会のときに院使《いんし》饗応役《きょうおうやく》を命じられていました。しかし、勅使に対して不敬があったとして改易されました。

旗本とケンカして消えた伊達氏の「中津山藩」

江戸幕府のもとでは身分による秩序が厳しかったのですが、庇護者《ひごしゃ》に有力者がいるとややこしいことになります。たとえば幕府領の農民と幕閣の有力者でもない大名やその家臣、領民がトラブルを起こすと、だいたい大名の負けです。ましてや旗本は大名に対して「直参」を鼻にかけて強気でした。

仙台藩主3代伊達綱宗の母は公家の櫛笥《くしげ》家出身で、その姉が宮中に入って後西《ごさい》天皇を産んだため天皇の従兄弟でした。綱宗次男の村和《むらより》が水沢《みずさわ》（奥州《おうしゅう》市）で水沢伊達家（留守《るす》氏）の養子となって2万石余をもらっていましたが、新たに石巻市で新しい陣屋を構えて**中津**《なかつ》**山**《やま》**藩**3万石の藩主となり、従五位下美作守《みまさかのかみ》に叙任されました。

村和は1696年には4代将軍家綱の17回忌における公家接待役を務めるなど活躍したのですが、1699年に遅刻を恐れて江戸城に登城する行列の前を横切った旗本の岡八郎兵衛孝常に供回りが怪我を負わせた（土器町事件《かわらけちょう》）ために謹慎を命じられ、事件の波及を恐れた兄の4代綱村の申し出で改易されました。

八郎兵衛は400石の旗本でした。行列に割って入り、それを村和の従者が押しとどめましたが、八郎兵衛は刀を抜き、乗り物（駕籠《かご》）を護衛していた者も駆けつけて八郎兵衛を取り囲み、左右から押さえ込んで刀を奪いとりました。その隙に村和の乗り物は通り過ぎました。

八郎兵衛は組頭《くみがしら》にこの顛末《てんまつ》を伝えさせ、自身は槍《やり》を持って村和の行列を追いますが、行列は屋敷に入りました。伊達家では相手が旗本だというので目付に届け、幕府の役人が調査にあたりました。そして老中の土屋正直《つちやまさなお》らは直参旗本の刀を奪ったというので従者《じゅうしゃ》、小人《こびと》の計3人を死罪とし、村和は配慮不足で逼塞、八郎兵衛も閑職の小普請組《こぶしんぐみ》に落とされて逼塞となりました。村和の身柄は兄綱村に預けられて宮城郡野村《のむら》（仙台市泉区《いずみ》）に逼塞を命じられ、逼塞処分は20年後の1719年まで続きました。

村和の長男村詮《むらあき》は仙台藩の家老として川崎《かわさき》要害（川崎町）で2000石を領しました。

中津山陣屋は石巻市桃生《ものう》町にあったようですが、正確な場所はわかりません。寺崎《てらさき》藩という人もいますが、どちらにせよ、藩名というのは江戸時代には正式なものではなく、俗称にすぎませんから、どちらでもよいことです。

政争に巻き込まれたのが本郷信富《ほんごうのぶとみ》で、足利義昭と信長のもとにありました。のちに家康に属し、幕末の泰固《やすかた》は若年寄となって加増され、1857年に**川成島藩**《かわなりしま》（富士《ふじ》市）で大名となりました。しかし、一橋《ひとつばし》派だったため、1859年に隠居謹慎、減封され、再び旗本となりました。

もともとキレやすい家系だった浅野内匠頭

赤穂浪士の討ち入りのもとになった「松《まつ》の廊下刃傷事件」でいえば、浅野内匠頭が切腹させられるのは当然のことです。しかし、浅野家については、せいぜい減封とか僻地への左遷がよいところで、最悪でも数千石の旗本として名跡くらいは残るのが相場でした。

ところが、お家断絶となり、旗本にもしてもらえず、吉良上野介《きらこうずけのすけ》にはいっさいお咎めなしでした。そこで、あんまりだということになりましたが、将軍を批判できないため、かわいそうに、なんの落ち度もない吉良が殺されてしまったのです。

なぜ、「松の廊下」で浅野長矩が刃傷沙汰におよんだか。たしかなことは、長矩は知能が低いわけではないですが、緊張すると胸がつかえて発作的な行動に出る持病があったということです。その発作の伏線になったのは、財政不如意もあり、出費を抑えたいという長矩と、桂昌院の従一位《じゅいちい》贈呈問題を控え、今回はとくに丁重に、と考えた吉良上野介のあいだには何かにつけてさや当てがあったということでしょう。

その後の大石内蔵助《おおいしくらのすけ》の行動は、綱吉政権の面子《メンツ》をつぶすことを避けて巧妙に行動したことを評価すべきでしょう。城の明け渡しや残務処理の見事さ、筋道を通してのお家再興陳情、江戸の治安を乱さぬ整然とした討ち入りなど、目的意識をしっかりしての鮮やかな行動です。その結果、旗本としてとはいえ、お家再興がかない、義士たちの遺族もそれぞれに諸侯に召し抱えられました。

一方、吉良とその実子の綱憲《つなのり》が藩主を務める上杉家のほうは、上野介は何も悪くないという「正論」にこだわりすぎて世論対策と幕閣対策を誤りました。その結果、上野介は討たれるし、息子の義周《よしちか》は高島藩《たかしま》（諏訪市）に預けられ、過酷な扱いを受けて早々に亡くなってしまいました。三河時代の松平家にとって「主家」に近いほどの名家だった吉良家は、こうして理不尽にも断絶したのです。

余談ですが、幕府の隠密報告をもとに書かれた『土芥寇讎記《どかいこうしゅうき》』という資料によれば、浅野長矩はひたすら女性との房事にしか興味のない、どうしようもない色情魔だそうで、繊細で妻を愛するまじめな貴公子としてドラマに登場するのは事実とは大違いらしいです。

新宿御苑《しんじゅくぎょえん》は高遠藩《たかとお》（飯田市）内藤家の屋敷で、その分家に岩村田藩《いわむらだ》（佐久市《さく》）内藤家がありました。内藤忠重《ただしげ》は家光の養育係で、鳥羽藩《とば》3万5000石でしたが、3代忠勝《ただかつ》は4代将軍家綱の法事が増上寺《ぞうじょうじ》であったとき、上位にあった宮津藩主の永井尚長《ながいなおなが》を斬り殺して切腹し、お家断絶となりました。浅野長矩の母は忠勝の兄弟で同様の気質を持っていたといわれます。永井家も改易されましたが、子孫は大和新庄藩主に復活しています。

江戸城内での殺人事件で消えた「青野藩」

稲葉正成は信長の家老で、のちに失脚した林佐渡守《はやしさどのかみ》の一族らしいのですが、稲葉重通《しげみち》の養子となって小早川秀秋に仕えました。しかし、関ヶ原の戦いのあとに裏切りを嘲笑され、悪行を繰り返す秀秋に見切りをつけて職を辞します。妻で明智光秀の重臣の斎藤利光《さいとうとしみつ》の娘お福が徳川家光乳母の春日局となったことから栄進しました。

稲葉正勝の弟正吉《まさよし》は旗本でしたが、男色のもつれで殺されました。正吉の子正休《まさやす》は若年寄を務め、**青野藩**《あおの》（大垣市）1万2000石の大名になりましたが、江戸城中で従兄弟の堀田正俊を暗殺し、みずからも周囲にいた老中の大久保忠朝らに討たれました。

正休は入念に刀の選定を行い、物陰に正俊を呼び出すという計画的な殺人でした。このころ堀田正俊は綱吉将軍擁立の立て役者として専横ぶりがひどく、世間からこのテロは支持されていたといいます。

前田利昌《としまさ》は**大聖寺新田藩**《だいしょうじしんでん》（加賀市）藩主で、1709年に寛永寺で行われた5代将軍綱吉の葬儀に際して中宮使《ちゅうぐうし》饗応役を命じられますが、柳本藩主の織田秀親《ひでちか》に意地悪をされ、その日は思いとどまったものの、翌日、家老に秀親を後ろから羽交《はが》い絞めにさせたうえで刺殺して切腹、改易となりました。

水野忠重《ただしげ》4男の忠清《ただきよ》は松本藩7万石となりましたが、酒色に浸り、みだりに弓矢や鉄砲を撃つなどの奇行がたびたび見られました。1725年に婚儀報告をするために江戸城に登城して報告をすませたのち、松の廊下ですれ違った長府藩世子《せいし》（跡継ぎ）の毛利師就《もろなり》に斬りつけました。自分の領地が取り上げられて師就に与えられることになると勝手に思い込んで斬りつけたという犯行でした。この忠恒は前記の前田利昌の従兄弟でした。

叔父の忠穀《ただよし》が名跡を旗本として継ぎ、その子忠友《ただとも》が沼津藩2万石（のち3万石）の大名として復活して老中となり、11代将軍家斉の治世の中期を支えました。田沼意次の子を養子にしましたが、意次の失脚によってこれを解消し、家斉の小姓だった忠成《ただあきら》を新たに養子とするなど要領がよく、家斉の子どもたちの縁組にも辣腕を振るいました。

なぜかケンカの被害者なのに改易

尼崎藩の松平家の祖先の信定《のぶさだ》は織田信秀と縁戚関係を結び、今川氏に推された家康の父松平広忠に対抗しました。関ヶ原の戦いのあとに松平忠頼《ただより》は浜松藩5万石に栄進しましたが、三河で1万石を領する水野忠胤《ただたね》（忠重次男。家康の母の甥）の屋敷に招かれた折に水野家中の服部半八と久米左平次の武道についての口論の仲裁に入って刺殺されました。この事件で忠胤は切腹、松平家も被害者であるのに改易されましたが、子の忠頼が再興を許され、子孫は尼崎藩4万石となりました。

賤ヶ岳七本槍のひとりである脇坂安治《わきざかやすはる》の子孫は龍野《たつの》藩（たつの市）藩主で、分家が美濃に1万石を与えられていました。娘の嫁ぎ先である備中松山藩の池田家の相続についての親族協議に出ていた席で、遺言書の内容に反対する親族のひとりに斬りつけられて改易されました。なぜか池田家にはお咎めなしでした。

家康の娘督姫と池田輝政の末っ子輝興は赤穂藩主として３万５０００石を領していましたが、１６４５年に突如として乱心し、正室で黒田長政の娘亀子姫をはじめとする数人を斬り殺して改易されました。甥で岡山藩主の光政の預かりとなりましたが、子孫は旗本になりました。このあとに赤穂に入ったのが浅野長直《ながなお》で、長矩の祖父です。

安中藩の水野元知《もととも》は１６６７年に乱心し、妻に斬りつけて改易されました。正室は岡崎藩主の水野忠善《ただよし》の娘でした。子孫は旗本になりました。

家康の母於大の方が再婚して産んだ３人の男子のうち、年長の松平康元《やすもと》の子孫である長島藩主の忠充《ただみつ》は乱心して家老たち３人を切腹させ、その家族４人を死罪にするなどして、１７０２年に改易になりました。

織田一族による集団婦女暴行で消えた「御牧藩」

平資盛《たいらのすけもり》の子で織田家の創始者である親真《ちかざね》が育てられたのは近江八幡市の津田荘《つだしょう》でした。

津田姓は織田一族が多く名乗りますが、これにちなむものです。織田一族の津田盛月《もりつき》は信《のぶ》長に仕えましたが、柴田勝家との争いで刃傷事件を起こして秀吉に匿われました。嫡男信任《とう》は山科《やましな》（京都市山科区）での千人切りの嫌疑で改易、次男信成《のぶなり》は**御牧藩**《みまき》（久御山《くみやま》町。三牧藩とも）1万3000石でしたが、京都で**清水藩**《きよみず》（揖斐川町《いびがわ》）藩主の稲葉通重《みちしげ》らとともに酒に酔って富商《ふしょう》の婦女たちに集団暴行におよんで改易されました。

秀吉の五奉行のひとりで、民政に力があった前田玄以《まえだげんい》は美濃出身ですが、尾張で寺の住職をしていました。織田家に仕え、秀吉のもとで公家や寺社を管轄しました。その子茂勝《しげかつ》は**八上藩**《やかみ》（篠山市）5万石でしたが乱心し、領民だけではなく京都市中でも殺傷や放浪を繰り返し、水口で地元民に打ち据えられているのを発見されて押し込められ、1621年に改易されました。熱心なキリシタンでした。

井伊家の縁戚であり、少年時代の秀吉の主人だった遠江の松下加兵衛之綱《まつしたかへえゆきつな》は秀吉によって久野《くの》（袋井市）1万6000石の大名に抜擢され、孫の長綱《ながつな》は三春藩3万石でしたが、1644年に乱心して挙動がおかしくなり、刃傷沙汰も起こして改易されました。母親が加藤嘉明の娘ですから、その改易も関係したかもしれません。義父である土佐藩主の山内忠義に預けられました。

新発田藩祖である溝口秀勝《ひでかつ》は次男善勝《よしかつ》に**沢海藩**《そうみ》（新潟市江南区《こうなん》）1万4000石を分与しましたが、1687年に4代政親《まさちか》が乱心して改易になりました。水口藩主の加藤明友次男で縁戚でした。酒乱がひどく、家臣が実兄で水口藩主の加藤明英《あきひで》や幕府に訴えて改易され、実家の領地である水口に預けられました。

天目山で武田勝頼が滅んだとき、ともに死んだひとりに土屋昌恒《つちやまさつね》がありました。その遺児の忠直《ただなお》は武田旧臣の娘である家康の側室阿茶局の養子となり、1602年に久留里《くるり》藩（君津《きみつ》市）2万石を得ました。久留里藩は3代直樹《なおき》が乱心のうえ嗣子がいるのに将軍に拝謁させないなど奇行があったため、改易されて絶えました。新井白石はもともと久留里藩士で、忠直の父に仕えていました。土浦《つちうら》藩の土屋家は本来は分家です。

森蘭丸《もりらんまる》の弟忠政《ただまさ》は津山藩主となりました。5代衆利《あつとし》は藩主就任にあたっての将軍拝謁のための道中の桑名付近に滞在中に乱心し、「生類憐れみの令」で浪人たちが犬をたくさん殺す事件を起こし、その管理を怠ったとして、家臣が切腹したことについて幕政批判をしました。家臣は酒の席でのことと弁明したのですが、桑名藩から幕府に報告され、改易となりました。森家では隠居の長継《ながつぐ》が**西江原藩**《にしえばら》（井原《いばら》市）2万石を与えられ、子孫は赤穂藩主として幕末を迎えました。

伊丹康直《いたみやすなお》は今川氏、武田氏を経て徳川家に仕え、「御船奉行」となりました。康勝は財政担当者として頭角を現し、1633年に**徳美藩**《とくみ》（甲州市）1万2000石の大名となりましたが、1698年に4代勝守《かつもり》が乱心して江戸城の厠《かわや》で自殺し、断絶しました。

LGBTをめぐるトラブルで消えた藩

同性愛については、欧米に比べて日本は後進国といわれていますが、それは最近のことです。私が大学生時代には刑法の平野龍一《ひらのりゅういち》先生から次のように教わったものです。「日本の刑法には、欧米の国のそれと違って、同性愛と近親相姦《きんしんそうかん》についての規定がありません。ただし、理由は別です。近親相姦は法律に書くことすらおぞましいから書いていないのです。ところが同性愛はいけないこととは思われてこなかったから、書いてない」

かの「葉隠《はがくれ》」は、そういう関係に殿さまとあった家臣が殉死を禁止されて悶々《もんもん》として書いたといわれています。

殉死は江戸時代のはじめに殿さまと関係にあった家臣のあいだで広まり、それで遺族が加増にありつけるということで、とくに九州の藩で爆発的に流行し、関係のない者も志願してその数を競うほどになったため、幕府が慌てて禁止したものなのです。

小倉藩主の小笠原家の一族である小笠原吉次《よしつぐ》は、家康4男で清洲城主だった松平忠吉の付家老として犬山にありました。忠吉の死後に佐倉藩を経て笠間《かさま》藩3万石となっていましたが、1609年に改易されました。

原因は与力としてつけられていた甲斐の武川衆《むかわしゅう》との知行をめぐるトラブルが原因ともい

われます。また、忠吉の近臣で男色関係にあった息子の吉光《よしみつ》が1万4000石をもらいながら出奔したり、死後に増上寺で殉死するといった事件もあったりして、その責任を取らされたとも見られます。

この松平忠吉はその方面では有名だったらしく、ほかにもエピソードが残っています。金森可重7男で酒井忠勝の猶子とされた重澄《しげずみ》は3代将軍家光の寵愛を受け、堀田正盛とともに「一双《いっそう》の寵臣《ちょうしん》」と呼ばれました。どういう関係か、具体的に書かなくても明らかでしょう。ところが病気療養と称して屋敷に引きこもっているあいだに妻妾に子を産ませたとして家光に嫉妬されたため、勤務怠慢を理由に所領を没収されて福山藩主の水野勝成に身柄を預けられました。重澄はかつての同僚正盛が累進するのを見て己の境遇を嘆き、食を断って自害しました。江戸時代の大名取りつぶしの理由として最もバカらしいもののひとつです。

第8章 後継者が確保できずに消えた藩

子どものいない大名が頼った「末期養子」制度とは

江戸時代の藩は、実質的には大名の私有財産のようなもので、建前は代替わりごとに継承が許されているものです。実子があって届け出をしていたとしても、つつがなく継承できるかは大変心配なものでした。

ましてや実子がなかったり、届け出ができていなかったりという場合にはなおさらです。また、幼少だと減封されるようなこともありました。

なぜ、跡取りを届けていないというようなことがあるかといえば、いったん届け出てしまうと、養子を取ったあとで実子が生まれたり、庶子を届けておいたら正室に実子が生まれたりするとややこしくなることがあったからです。また、末期養子《まつご》（当主の危篤時に急に届け出る養子）を届けておいたのに、その跡取りが急死してしまったということもありました。

原則は将軍にお目見えして正式に藩主になるわけですが、その前に死んでしまえばどうしようもありません。届け出たところで、幕府のほうですんなり認めてくれるかどうかは別です。また、とくに中期以降は、実子がいないなら、ということで徳川一門の誰かを押しつけられることも多かったのです。

古い名門なら将軍の縁者を立てて復活させたりもしました。那須家に4代将軍家綱の実家の増山家から、あるいは三上藩《みかみ》（野洲市）藩主の遠藤《えんどう》氏に綱吉側室のお伝《でん》の方《かた》の姪を入れた、などという例です。

いずれにせよ、江戸時代も初期には届け出に時間がかかったため、無嗣断絶が続出しました。

ところが、すでに説明したように、1637年の島原の乱においても浪人が多く参加しましたし、1651年の由井正雪の乱で浪人が集まって幕府を倒そうとした事件を機に規制をゆるくすることにして、幕府はこの年に末期養子の禁を解いたのです。

ただし、末期養子が認められるためには、幕府から派遣された役人が直接に当主の生存と養子縁組の意思をたしかめる判元《はんもと》見届《みとどけ》という手続きが必要でしたし、年齢制限もありました。

末期養子を取ることができる当主の年齢は、はじめは17歳以上50歳未満でした。1663年には17歳未満について許可されることになり、1683年には50歳以上の者についても許されるようになりました。

本人の意思確認についてもだんだん簡素化されましたし、ついには当主の死を隠してか、影武者《かげむしゃ》を立てるようなことも出てきました。

そういうことが可能かどうかは、日ごろから幕閣と関係がよいかとか、有力藩と親戚関係があるか、ということで決まってきたのです。

江戸時代の中期以降でも、藩主が死んだときにすんなり継承ができて、無事にその世子を立てられるか、それなりに緊張した場面があったわけです。

もっとも、そんな場合でも、よほど懲罰的な改易でなければ、すぐにではなくても、親戚の誰かを立てて旗本として名跡は残してくれました。

赤穂藩の場合も、どうして討ち入りをしたかといえば、ひとつにはそれが認められなかったからですし、討ち入りののち、世論に押されるかたちで長矩の弟の浅野大学《だいがく》が500石の旗本に取り立てられました。

無嗣断絶で取りつぶしになった場合には、普通はそれほど複雑な理由はありませんから、図表4（第4章末）をごらんいただきたいのですが、以下に主要な例をいくつか挙げて解説しておきます。

たらい回しでしのいだ徳川一族

徳川一族などの場合には、無嗣断絶といっても、代わりに別の一族の者が来ることが多かったわけです。

たとえば、1607年に家康4男で清洲城主の松平忠吉が死んだときは、翌月に後任として甲府城主だった家康9男の義直が入りました。

また、関ヶ原の戦いのあと、水戸城に佐倉から家康5男の松平（武田）信吉が15万石で入りましたが、1603年に信吉が21歳で病死したため、翌月に家康10男で当時2歳の頼宣が新たに20万石（のちに25万石）で水戸に入封しています。1609年には駿河、遠江、三河で50万石を与えられて移封し、さらに1619年には紀州藩55万5000石に移封しています。

水戸には頼宣のあと、同母弟である家康11男で当時6歳の鶴千代丸《つるちよまる》（頼房）が下妻藩《しもつま》から入りました。

いちおう忠吉の**清洲藩**《きよす》も信吉の水戸藩も無嗣断絶ですが、実質的にはつぶれたわけではありません。

それでは、家臣はどうなったかというと、もともと大名だった場合にはその家臣もいるわけですから、そのうちのかなりを連れて行くのが普通です。ですから、忠吉のあとに義直が尾張に入った場合、忠吉の家臣がみな義直に引き続き雇用されたわけではありません。当時は終身雇用ではありませんから、そのたびに家臣は自分で職を見つけなくてはなりませんでしたし、また、そんなに難しいものでもなかったのです。むしろ有能な武士は藩を移りながら出世していったのです。

親藩大名の家臣構成を見ると、その大名の足跡が残っています。紀州藩だと生母の生家である**勝浦藩**《かつうら》正木氏の関係者、兄の信吉が武田穴山《あなやま》氏の名跡を継いでいたことに由来する甲州武士、常陸の者、駿河の武士、それに正室の実家で取りつぶされた加藤家の旧家臣などの名が見受けられます。

加封されたのでなければ新たには雇えないため、もとの家来でついていきたくないという例外を除いてそのままですから、新たな雇用はありません。

加増された場合には、まず同時期に改易された他藩の者が採用されますし、そのあとに地元の者や、前任者が改易されたようなときは、その家来を採用することもあります。

地元の者を採用するのも善し悪《あ》しがあるため、しないこともあります。たとえば彦根藩の場合など、石田氏と浅井氏の旧臣はいっさい採用禁止でした。彦根藩士の構成を見ると、甲州山県《やまがた》軍団（山県昌景《まさかげ》が率いた。赤備《あかぞな》えで有名）を家康から与えられたため、甲斐がいちばん多く、井伊家の地元の遠江、三河、前任地の上野などが多くなっています。

加増された場合には、もとの家来にも加増するのが普通ですが、度が過ぎても非難されます。とくに戦争で功があったわけでもないのに血縁で加増されたようなときはそうです。

保科正之が高遠藩3万石から山形藩20万石に加増されたときに高遠出身者に大盤振る舞いをしたため家来は喜びましたが、幕府は山形藩の前任者で3万石に減らされた鳥居家の家臣をもっと雇うように要望しています。

家康の孫なのに無嗣断絶となった蒲生氏

江戸時代初期の外様大名の無嗣断絶について考察するのによい例が、伊予松山藩の蒲生氏のケースです。蒲生氏は外様大名ですが、蒲生氏郷と信長の娘で信孝の同母妹の冬姫《ふゆひめ》のあいだに生まれたのが秀行で、その秀行と家康の娘振姫の子が忠郷《たださと》と忠知《ただとも》の兄弟だったため、血統としては申し分ないはずでした。

蒲生氏郷は会津若松で92万石ほどを領していましたが、家内の内紛がひどく、その死後に秀行は宇都宮18万石に移され、関ヶ原の戦いのあとに会津60万石に復帰し、それを忠郷が継ぎました。しかし、振姫の藩政への介入のまずさもあって相変わらず家内の内紛が激しく、振姫は秀行の死後に浅野長晟と再婚しました。

忠郷は痘瘡《とうそう》によって26歳で死んでしまい、弟で上山藩4万石の大名だった忠知が会津60万石を24万石（4万石は近江日野）に減封のうえ、伊予松山に移されていました。

子がないまま死んで弟がいるようなときに減封して存続させるというのはめずらしくない措置ですが、それでもこの減封には内紛についてのマイナス評価もあったでしょう。

入封した忠知は重臣たちのお家騒動に悩まされ、福西《ふくにし》、関、岡、志賀の各氏や蒲生郷喜《さとよし》の弟郷舎《さといえ》などを追放するなどしましたが、在職7年の1634年に嗣子がないまま京都で客死し、蒲生家は断絶しました。

忠知には子がなかったことから、断絶の危機におののき、錯乱して妊婦の腹を切ったなどという伝説が残りますが、真偽のほどはまったく不明で、そういうことがあったとも、なかったとも、決め手はありません。

ただ、それでも家康の孫の家ということで、幕府は旧家臣たちの再雇用を斡旋し、伊予松山藩でもあとに入った松平（久松）氏がかなり雇っています。余談ですが、冬姫はこうして蒲生氏が断絶しても、なお京都で健在でした。

このほか、外様大名のうち無嗣断絶で改易された大きなものを列挙すると、中村一忠《なかむらかずただ》（**米子藩**《よなごはん》）、堀尾忠晴《ただはる》、京極忠高《ただたか》（ともに松江藩）といったところで、それほど多くありません。

駿府城主だった中村一氏《かずうじ》を継いだ一忠は伯耆一国を与えられ、米子17万5000石となりました。後見役に叔母の夫横田村詮《よこたむらあき》がなりましたが、一忠は佞臣《ねいしん》に悪口を吹き込まれ、13歳のときにみずから刀を振るって村詮を殺してしまいます。幕府によって関係者が処罰されて混乱が続き、1609年に20歳で京都で急死しました。

子がいなかったこともありますが、藩政の乱れも救済されなかった原因でしょう。ただし隠し子がいたといわれ、のちに鳥取藩士として取り立てられました。

松江藩主だった堀尾吉晴は、子の忠氏が早世したため、孫の忠晴が跡を継ぎました。筆頭家老の堀尾河内守《かわちのかみ》（吉晴の娘の子）による家督横領の陰謀が発覚し、河内守とその子の掃部《かもん》は切腹させられました。

この騒動が尾を引いたか、1633年の死去のときには従兄弟の宗十郎を末期養子に立てることを希望しましたが、お家騒動もたたってか認められず、無嗣断絶となりました。

ただし、忠晴の正室は家康の長女亀姫と奥平家昌《いえまさ》の娘だったため、吉晴の娘の孫であり、かつ忠晴とこの姫の娘の子石川憲之《のりゆき》が3男勝明《かつあき》に堀尾家を継がせて祭祀を継承しましたが、勝明が早世したため、今度は忠晴の母の実家である前田家（前田玄以の子孫）が祭祀を受け継ぎました。

そのあとに松江藩24万石となったのは京極忠高で、1637年に45歳で死去しました。嗣子がなかったのですが、忠高の死んだ正室が秀忠の娘初姫《はつひめ》だったため、いったん改易されたのち、甥の高和《たかかず》が龍野藩6万石を与えられました。

このときの理屈は徳川家が加増した18万石は取り上げるが、関ヶ原の戦いの前に領していた大津6万石の分は残すというものでした。子孫は丸亀藩主となっています。

兄弟で分割して大名ではなくなった「井伊谷藩」

図表4（第4章末）で「分割」としているのは、小大名が複数の子どもなどに遺産を分割して旗本になってしまったケースです。

NHK大河ドラマ「おんな城主　直虎」で井伊谷《いいのや》（浜松市北区《きた》）を井伊家から乗っ取った髭面《ひげづら》の悪役として描かれているのが橋本《はしもと》じゅんさん演じる近藤康用《こんどうやすもち》です。

もともと遠江と三河の境の宇利《うり》（新城市《しんしろ》）に拠った国衆ですが、今川氏から井伊氏の目付に任じられたりもしていました。徳川家の遠江侵攻にあっては菅沼忠久《すがぬまただひさ》、鈴木重時《すずきしげとき》、近藤康用の3人が先導役となり、井伊谷の領主となりました。

康用の子秀用《ひでもち》は姉川《あねがわ》、三方ヶ原《みかたがはら》、小田原などの戦いで活躍しましたが、家康は井伊直政の与力を命じました。しかし、直政との折り合いは悪く、家康に直政のもとを離れさせてくれるように願いましたが、聞き入れられずに出奔しました。

1602年に直政が死去したのち、**青柳藩《あおやぎ》**（館林市）5000石を与えられ、1614年には1万石を加増されて小田原城の城番となり、1619年には**井伊谷藩《いいのや》**となりました。このことで青柳藩は廃止されています。

1621年には2000石の加増を受け、1631年に85歳で死去しました。所領は子どもたちに分割されて井伊谷藩は1代で終わりました。幕末の段階で見ても、子孫たちは5400余石の近藤信濃守《しなののかみ》、3000石の近藤彦九郎、3400石の近藤縫殿助《ぬいどのすけ》、3000石の近藤豊太郎が健在で、井伊谷や気賀《きが》（浜松市北区）を幕末まで支配していました。

近江源氏の佐々木《ささき》氏は鎌倉時代末期に近江南部守護の六角《ろっかく》氏と北部守護の京極氏に分かれました。いずれも京都屋敷の所在地の名を取ったものです。

京極家は出雲守護なども兼ね、その守護代だったのが一族の尼子《あまご》氏です。福岡藩主の黒田氏もその先祖は京極氏で、長浜市の黒田郷から出ていると称していますし、鍋島氏も父祖は佐々木一党だとしています。

朽木《くつき》氏は鎌倉時代初期の佐々木信綱《のぶつな》の曽孫から出て、近江北西部の安曇川《あどがわ》上流部にある高島《たかしま》郡朽木（高島市）に拠りました。京都の八瀬《やせ》、大原《おおはら》から、最近では鯖《さば》街道として知られる若狭《わかさ》への道を支配し、室町幕府では将軍の近臣でした。

足利12代将軍義晴《よしはる》や13代将軍義輝《よしてる》が京都の戦乱を避けてきたのを朽木稙綱《たねつな》が保護したりもしていました。その子元綱《もとつな》は義昭、信長、秀吉に仕え、関ヶ原の戦いでは小早川秀秋の裏切りに呼応して東軍につきましたが、9500石に減封されました。

元綱が1632年に死んだとき、宣綱《のぶつな》が6470石、友綱《ともつな》が3010石、稙綱の3010石の旗本となりました。稙綱は徳川3代将軍家光の小姓組番頭を務め、1636年に**朽木《くつき》藩**藩主となり、さらに**鹿沼《かぬま》藩**、次いで土浦藩3万石の大名になり、その子の稙昌《たねまさ》が福知山藩主となって廃藩置県まで続きました。

宣綱の正室は京極高次の妹マグダレナで、母で浅井長政の姉だった京極マリアの影響で熱心なクリスチャンであり、1606年に死去したときは母マリアが京都の教会でキリシタン式の葬儀を行い、熱心な仏教徒である淀殿が家康に苦情を訴える騒動になりました。

その子のうち高通は母の兄弟にあたる京極高知（高次の弟）の婿養子となって、高知の死後は丹後を3分割したうちの峰山藩1万3000石の大名となり、廃藩置県まで維持されました。3分割されたうち宗家の宮津藩は不祥事で改易されましたが、田辺藩は移封されて豊岡藩となりました。

生存中の元綱を大名として扱う人もいますし、稙綱が最初に大名になったときも、朽木に立派な政庁を設けたわけでありませんから、朽木藩だったというべきか否かについては議論があるところです。

大名にとっての御三家だった「新田藩」「支藩」

全国各地にある新田藩《しんでんはん》という言い方は、藩というものが江戸時代にはなかったために明治になってからの俗称です。江戸時代には、たとえば「米沢新田をもって領地とする」などといわれていただけです。

江戸時代の各藩の表高は江戸時代の初期に決められたあと、開発で実高《じつだか》が上がってもそのまま維持されたケースがほとんどのため、実高と差がありました。

そのままにしたほうが幕府への工事の手伝いや軍事的な手伝いの負担が少ないため、好都合でしたが、それでも無嗣断絶を避けるために男系の温存を望みました。そこで、この差を利用して、なんとか新田1万石を領地とする大名を創設することがときどき行われました。

場合によっては具体的な領地はなく、宗藩の財政から給与をもらうだけのこともありました。参勤交代もせずに江戸定府のことが多く、場合によっては地元で藩主不在時の代理をしたこともあります。米沢新田藩などはそんなケースです。

ただし、これら新田藩の多くは明治になって具体的な領地をもらって政庁を設けたのですが、廃藩置県で短命に終わったというわけです。たとえば鳥取藩には2つの支藩がありましたが、これが明治になってから若桜《わかさ》と鹿野に政庁を設けたのです。

ですから、明治になってから若桜藩と鹿野藩になって、1871年7月には廃藩置県でいったん県になり、同年11月の第1次府県統合で廃止になった藩や県というのが全国にかなりあるわけです。

支藩についても説明しておきましょう。全国の藩のなかで、分家などで「支藩」と呼ばれているものがかなりあります。

そのメルクマールでいちばん大事なのは、本藩の石高にカウントされるかどうかです。たとえば長州藩36万石には長府藩5万石、徳山藩《とくやま》（周南市《しゅうなん》）4万石、清末藩《きよすえ》（下関市）1万石が、佐賀藩36万石には小城藩《おぎ》7万石、蓮池藩《はすのいけ》（佐賀市）5万石、鹿島藩《かしま》2万石が内数として入っています。

一方、同じ家名でも、立藩の経緯から、南部氏の八戸藩は盛岡藩から独立していたため、内数ではありません。

このほか、支藩だと幕府からの軍役の要求や工事の手伝いなどを独立してするのかという問題もありましたし、取りつぶしになったときに領地を幕府に収公（没収）されるのか、本藩に戻すのかという問題もあり、これは場合によりけりで、いったん収公し、あらためて本藩に返すことが多かったようです。

藩主が将軍に就任して消えた「甲府藩」

廃藩置県の段階で藩がひとつもなかった都道府県は東京、沖縄、北海道を別にすると、全域が幕府領だった山梨県だけです。甲府では1724年に柳沢吉里《やなぎさわよしさと》が大和郡山藩に移封されたあとは幕府の城代が置かれていました。

甲斐は関ヶ原の戦いのあとは浅野家が領主でしたが、紀伊に移り、家康9男の義直、さらに秀忠3男の忠長20万石の居城となりました。忠長は駿府に移りましたが、引き続き領国でした。

さらに3代将軍家光の子綱重《つなしげ》とその子綱豊《つなとよ》（のちの6代将軍家宣《いえのぶ》）が25万石で領しましたが、江戸にあって在城はしませんでした。綱豊は1704年に将軍継嗣となって江戸城西《にし》の丸《まる》に入り、家臣たちは幕臣となって藩は廃止されました。

甲府城は柳沢吉里の父吉保《よしやす》に与えられました。これは柳沢家が武田旧臣であることを配慮したもので、吉保は信玄公の顕彰に励みました。

黄檗宗《おうばくしゅう》の永慶寺《えいけいじ》を建立してここに葬られましたが、大和郡山移封のときに寺は幕府から移転を命じられ、墓は信玄の墓がある甲州市塩山《えんざん》の恵林寺《えりんじ》に改葬されました。

戊辰戦争のときには武田旧臣を先祖とする板垣退助《いたがきたいすけ》と、近藤勇に率いられた新撰組がここで戦いました。近藤は甲府を与えられて大名になることを夢見ていたともいいます。

このほか、かつて大名の居城だったが廃城となったものとしては長浜城があります。羽柴秀吉が最初に城主となったところであり、山内一豊もここにありましたが、大地震にあって一人娘を亡くしています。

石田三成は地元出身ですが、要害の地であることを重視して佐和山を選び、町衆《まちしゅう》（裕福な商工業者）をがっかりさせました。

江戸時代になると、すでに紹介したように、内藤信成が一時期は**長浜《ながはま》藩**主でしたが、1615年に高槻《たかつき》城に移り、あとは彦根藩の商業都市として栄えました。

蒲生氏郷が築いた松坂城は江戸時代初期には古田重治がありましたが、1619年に浜田に移封になり、紀州藩領となって城代が置かれました。この城下町で活動していたのが本居宣長《もとおりのりなが》であり、ここから三都に進出して発展したのが三井《みつい》家です。

関ヶ原の戦いののちも大きな大名は数カ所の城を持っていましたが、1615年に一国一城令が出て居城のみに限定され、複数の国を支配する場合などに例外が認められるようになりました。

例外は時期によっても違いますし、はっきりしたかたちで指定されていたのでもないため諸説ありますが、小松城（金沢藩）、八代《やつしろ》城（熊本藩）、白石城（仙台藩）、横手城、大館《おおだて》城（ともに久保田藩）、米子城（鳥取藩）などが例外とされます。

城であるかどうかは曖昧です。城のような陣屋は幕府が目を光らせていましたが、陣屋のような城はたくさんありました。

出石城や佐伯城など、山上の施設をほとんど放棄して麓の居館のみを使っているところも多くあります。あるいは二条城のようにほとんど防備を持たない城も多く、城という名が城主としての格式を示すだけのこともありました。

一関城などどこにあったかすらわからないのですが、要するに陣屋と同じようなものだったということでしょう。

名奉行として地名に名を残した「小室藩」の伊奈氏

無嗣断絶で廃藩になったあとでも別の大名が移封されてきますから、同名の藩がなくなってしまうことはそれほどありません。

その多くは譜代の小大名や支藩のケースで、図表3（第3章末）をごらんいただきたいのですが、そのなかで、関東郡代としてその後も幕府の関東支配の鍵を握る家柄だった伊《い》奈《な》氏も江戸初期には大名だったことがあります。

江戸時代初期の関東郡代で検地、新田開発、河川改修などに幅広い功績を上げたのが伊奈忠次《ただつぐ》で、武蔵**小室藩**《こむろ》の陣屋があったのは埼玉県伊奈町でした。

その次男が忠治《ただはる》です。兄忠政《ただまさ》が若死にしたのち、家督はその嫡男忠勝《ただかつ》が継ぎましたが、幼少だったため、関東代官職は忠治が継ぎました。

忠治は中山道の整備を行って大宮《おおみや》（さいたま市）の町の基礎をつくったことでも知られます。荒川《あらかわ》、江戸川《えどがわ》、利根川などの付け替えや、鬼怒川《きぬがわ》と小貝川《こかいがわ》の分流工事などに功績がありました。つくばみらい市に忠治を祀《まつ》った伊奈神社があり、合併前には伊奈町という町もありました。

明治以前の日本では人の名前から地名が生じることは稀《まれ》で、ほとんどのケースは地名に名字が由来しています。

そんななかで、市町村名がかつての支配者由来というのはきわめて稀ですが、例外がこの伊那町や村上市です。

武蔵小室藩は忠勝が9歳で死んで無嗣断絶になりました。

図表6　大名家の一覧

大名家	読み	封地		出身	解説
		幕末	改易時		
青木	あおき	×	福井	尾張	重矩は大政所の親族といわれ、北ノ庄城主。関ヶ原後に改易。
		麻田		美濃	一重は豊臣秀頼に仕えるが、大坂夏の陣直前に家康の指示で幽閉され、領地を安堵。
青山	あおやま	×	丸岡	織田	丹羽旧臣で、独立して越前丸岡。関ヶ原後に改易。
		篠山		三河	先祖は近江で、三河に移る。忠成は家光のお守り役。ほかに郡上八幡。
赤座	あかざ	×	越前ノ内	越前	朝倉旧臣で今庄にあったが、関ヶ原後に改易。
赤松	あかまつ	×	竹田	播磨	村上源氏を称する播磨守護赤松氏の一族。広通は関ヶ原後に自害。
秋田	あきた	三春		出羽	蝦夷管領と呼ばれた安東氏が改姓し、秋田湊城主。関ヶ原後に移封される。
秋月	あきづき	高鍋		筑前	筑前秋月から秀吉により高鍋に。漢の霊帝の子孫と称す。上杉鷹山の実家。
秋元	あきもと	館林		上総	宇都宮一族で、上総出身。北条旧臣だが、徳川譜代となる。
浅野	あさの	広島		尾張	織田家臣で、北政所寧々は浅野家養女。赤穂の浅野家も分家だった。
阿部	あべ	福山		三河	三河で松平譜代。棚倉と佐貫にも分家。
安倍	あべ	岡部		駿河	諏訪氏の分かれだが、今川旧臣で、最後まで駿府を守る。
天野	あまの	△	興国寺	三河	康景は三河三奉行のひとりだったが、晩年に逐電。
有馬	ありま	久留米		摂津	赤松氏分家で、摂津有馬郡に拠る。吹上は分家で、紀州藩士だったが、吉宗とともに江戸に。
		丸岡		肥前	肥前島原半島のキリシタン大名。旧地は逐われるが、大名としては生き残った。
安国寺	あんこくじ	×	伊予ノ内	安芸	安芸武田氏の一族。毛利氏の外交顧問。関ヶ原後に処刑される。
安藤	あんどう	田辺		三河	出自は諸説あるが、広忠のころから仕え、直次は紀伊頼宣の付家老に。平は分家。
井伊	いい	彦根		遠江	遠江引佐郡の土豪。直政が家康に仕え、徳川四天王のひとりとして活躍。分家が与板。
池田	いけだ	岡山		尾張	織田家家臣だが、出自は不明。鳥取や鴨方などに分家。
		×	伊予ノ内	近江	秀氏は近江源氏で、甲賀郡出身。六角と織田に仕える。伊予にあったが、関ヶ原で改易。
生駒	いこま	矢島		尾張	先祖は大和出身。尾張の土豪。高松城主だったが、内紛で改易。明治元年に諸侯に戻る。
石川	いしかわ	亀山		亀山	家康家老の数正は出奔して松本城主。本家は断絶し、弟の系統が残る。下館は分家。
		×	山城ノ内	越後	上杉から豊臣に。山城国内に所領を持つが、関ヶ原で改易。
		×	丹波ノ内	丹波	丹波にあった頼明の兄は賤ヶ岳七本槍のひとり。関ヶ原で改易。
石田	いしだ	×	佐和山	近江	坂田郡の土豪。三成が秀吉に仕え、五奉行のひとりに。関ヶ原で滅亡。
板倉	いたくら	備中松山		三河	先祖は下野。勝重は京都所司代として活躍。安中、庭瀬、福島は分家。
伊丹	いたみ	△	徳美	駿河	今川家に仕えた船奉行。甲斐徳美にあったが、乱心して断絶。
市橋	いちはし	仁正寺		美濃	池田郡出身。長勝が信長に仕え、江戸大名として生き残る。
伊東	いとう	飫肥		日向	先祖は伊豆出身。日向の戦国大名で、もとは佐土原が本拠。
		岡田		尾張	ルーツは飫肥伊東氏と同じ。長久が信長に仕える。
伊藤	いとう	×	大垣	美濃	盛正は秀吉時代の大垣城主。関ヶ原後は加賀藩士。
伊奈	いな	△	武蔵小室	三河	関東郡代として活躍。大名としては廃絶したが、旗本となる。
稲垣	いながき	鳥羽		三河	伊勢から三河に移り、牧野氏に属す。長茂が家康に仕える。山上は分家。
稲葉	いなば	臼杵		美濃	一鉄は西美濃三人衆のひとり。本家は断絶したが、分家が残る。
		淀		美濃	織田家臣林佐渡守の一族である正成が稲葉家の養子となる。春日局の夫。館山は分家。
井上	いのうえ	下妻		浜松	正就は秀忠と家光に仕えた官僚で、老中となる。下妻と下総高岡は分家。
岩城	いわき	亀田		陸奥	平国香の末裔。いわき市にあった。佐竹氏から養子を迎える。
上杉	うえすぎ	米沢		上野	関東管領家。戦国時代に越後守護代だった長尾家の謙信に家督を譲る。
上田	うえだ	×	越前ノ内	尾張?	重安は丹羽旧臣。越前で1万石。関ヶ原で改易され、広島藩家老に。
植村	うえむら	高取		三河	土岐一族が遠江を経て碧海郡に。家政が秀忠側近。
宇喜多	うきた	×	岡山	備前	児島高徳子孫。戦国大名で織田と豊臣に服属し、秀家は五大老の一角に。関ヶ原で改易。
氏家	うじいえ	×	桑名	美濃	卜前は西美濃三人衆のひとり。氏広は桑名城主に。関ヶ原で改易。
宇多	うだ	×	大和ノ内	信濃	頼忠は秀吉の臣の尾藤知宣の弟が改姓。秀長に仕える。大和で1万石。
内田	うちだ	小見川		遠江	遠江の豪族の勝間田一族が改姓。家光のときに大名に。
遠藤	えんどう	三上		美濃	千葉一族の東氏の分家。美濃郡上の土豪。綱吉側室お伝の実家が名跡を継ぐ。
大浦（津軽）	おおうら	弘前		陸奥	近衛家庶流と称す。為信が南部氏から独立して津軽に改姓。
大岡	おおおか	西大平		三河	藤原氏で八名郡にあった。旗本だったが、忠相が吉宗、岩槻の忠重が家重のとき大名に。
大久保	おおくぼ	小田原		三河	宇都宮一族が三河に移り、清康に仕える。忠世が小田原城主に。烏山と荻野中山は分家。
大河内	おおこうち	大多喜		三河	多田源氏の一門で額田郡に拠る。信綱が長沢松平家を継ぐ。高崎も一門。
大島	おおしま	△	関	美濃	光義は丹羽旧臣。美濃関にあったが、分割相続で旗本に。
大須賀	おおすが	△	横須賀	下総	榊原康政の長男忠政が外祖父の千葉一族の家を継ぐ。榊原家に復帰断絶。
大関	おおぜき	黒羽		下野	下野北部の土豪だが、大田原氏から養子を迎える。
太田	おおた	掛川		相模	丹波から上杉氏らともに関東に。道灌の一族だが、家康側室の実家として大名に。
		×	臼杵	美濃	臼杵城主だったが、関ヶ原前に改易。
大谷	おおたに	×	敦賀	近江	伊香郡出身か。吉継が敦賀城主だったが、関ヶ原で戦死。
大田原	おおたわら	大田原		下野	武蔵七党のひとつ丹治氏の流れの土豪が生き残る。
大友	おおとも	×	府内	豊後	相模から移り、豊後守護に。朝鮮の役で改易され、関ヶ原で再起を図るが失敗。高家に。

大名家	読み	封地		出身	解説
		幕末	改易時		
大村	おおむら	大村		肥前	藤原純友の子孫と称す。最初のキリシタン大名。
小笠原	おがさわら	安志		信濃	源義光の子孫。信濃守護。徳川信康の娘婿。小倉と唐津は分家。府中小笠原家という。
		勝山		信濃	伊那郡に拠る。武田旧臣。酒井忠次の子が養子になって大名に。松尾小笠原家という。
小川	おがわ	×	国府	近江	神崎郡出身で、柴田旧臣。伊予国府城主だったが、関ヶ原後に改易。
岡部	おかべ	岸和田		駿河	工藤一族が志太郡に土着。今川旧臣。
岡本	おかもと	×	亀山	尾張	重政は織田信孝の家老から秀吉のもとで亀山城主に。関ヶ原後に改易。
奥平	おくだいら	中津		三河	村上源氏で上野甘楽郡から三河設楽郡に移り、東三河の土豪に。忍と小幡の松平家は分家。
奥山	おくやま	×	越前ノ内	尾張	佐久間一族だが、丹羽旧臣。越前にあったが、関ヶ原で改易。
織田	おだ	柏原		尾張	平氏末裔が近江と越前を経て尾張守護代に。柏原と天童は信雄系、芝村と柳本は長益系。
小野木	おのぎ	×	福知山	(不明)	重次は秀吉に仕え、福知山城主。関ヶ原後に改易。
小野寺	おのでら	×	横手	出羽	下野の首藤一族が横手の地頭に。関ヶ原後に改易。津和野藩士に。
加々爪	かがづめ	△	高塚	遠江	山名郡出身で、今川旧臣。寺社奉行などを務めたが、不手際で天和年間に改易。
垣見	かきみ	×	富来	近江	浅井旧臣で、豊後富来城主だったが、関ヶ原のときに大垣城で殺される。
垣屋	かきや	×	因幡ノ内	但馬	山名旧臣で、因幡にあったが、関ヶ原で自害。
糟屋	かすや	×	加古川	播磨	真雄は賤ヶ岳七本槍のひとり。加古川にあったが、関ヶ原で改易。
片桐	かたぎり	小泉		近江	先祖は信濃伊那郡だが、浅井旧臣。且元の弟貞隆の系統が残った。
加藤	かとう	大洲		美濃	美濃多芸郡の斎藤旧臣で、光泰が秀吉に仕えた。
		△	熊本	尾張	清正は大政所の縁者で、秀吉に仕え、熊本城主となったが、子の代に改易。
		水口		三河	藤原利仁の末で、三河にあったが、嘉明が秀吉に仕え、松山城主に。
金森	かなもり	×	郡上	美濃	姓は野洲郡金森に由来。高山城主。宝暦年間の一揆で改易。
加納	かのう	一宮		三河	松平一族の末。吉宗の紀州時代のお守り役。
亀井	かめい	津和野		出雲	紀伊熊野出身だが、尼子氏に仕え、秀吉のもとで因幡鹿野城主となった。
蒲生	がもう	△	松山	近江	藤原秀郷の末で、日野城主。氏郷は信長の娘婿。寛永年間に松山で改易。
河尻	かわじり	×	苗木	美濃	織田信孝とともに武田攻めに加わり、甲斐国主だった秀隆の子は関ヶ原後に自害。
岸田	きしだ	×	大和岸田	大和	筒井旧臣で、豊臣秀長にも仕える。関ヶ原後に改易。
木曽	きそ	△	蘆戸	信濃	木曽義仲の末を称する土豪。武田を裏切るが、家康家臣となり、下総にあったが、改易。
喜多見	きたみ	△	喜多見	武蔵	北条旧臣で、綱吉側近だったが、不祥事で改易。
吉川	きっかわ	岩国		安芸	駿河有度郡から安芸山県郡の地頭に。元就夫人の実家で、元春が養子となる。
喜連川	きつれがわ	喜連川		下総	小弓公方の末が古河公方の養子になる。
木下	きのした	足守		尾張	北政所寧々の実家。日出は分家。豊臣姓を名乗り続ける。
		×	若桜	近江	大谷吉継の子。関ヶ原後に改易。
木村	きむら	×	北方	近江	由信は秀次重臣常陸介に仕え、美濃北方にあったが、関ヶ原で謀殺。
		×	福島	(不明)	明智旧臣とされるが、詳細不明。大崎領を与えられたこともある。関ヶ原後に改易。
京極	きょうごく	丸亀		近江	近江源氏で、北近江などの守護。豊岡、峰山、多度津は分家。
九鬼	くき	三田		志摩	熊野水軍だが、志摩に移り、信長に協力する。綾部が分家。
久世	くぜ	関宿		三河	村上源氏で、三河額田郡にあった。広之が家光と家綱の時代に活躍し、諸侯に。
朽木	くつき	福知山		近江	近江源氏の一族で、高島郡の土豪。本家は近江で交代寄合。
熊谷	くまがい	×	安岐	近江	豊後安岐にあったが、関ヶ原を前に朝鮮遠征での紛争で改易。
久留島	くるしま	森		伊予	村上水軍の一員で、いち早く秀吉に降り、四国で唯一、近世大名として生き残る。
黒田	くろだ	福岡		備前	近江源氏の一党が備前を経て播磨に。如水が秀吉に仕える。
		久留里		武蔵	北条旧臣で、直邦が綱吉の小姓から諸侯に。
桑山	くわやま	△	新庄	尾張	豊臣秀長重臣で、和歌山城主。大和新庄にあったが、家綱葬儀時の不手際で改易。
小出	こいで	園部		尾張	信濃伊那郡から尾張に移る。秀政は大政所の縁者。
高力	こうりき	×	島原	三河	八名郡の土豪で、家康三河時代の奉行。島原城主だったが、不手際で改易。
五島	ごとう	五島		肥前	藤原純友の子孫。松浦郡宇久島で、宇久氏と称したのちに改称。
小西	こにし	×	宇土	和泉	丹波にルーツはあるが、堺の商人。宇土城主だったが、関ヶ原後に刑死。
小早川	こばやかわ	△	岡山	安芸	隆景が安芸の土豪の養子に。秀秋ののち無嗣断絶。秀包は毛利に復姓し、長州藩士に。
小堀	こぼり	△	近江小室	近江	坂田郡の土豪。遠州が作事で活躍するが、宝暦年間に不祥事で改易され、旗本に。
近藤	こんどう	△	井伊谷	遠江	今川旧臣で、井伊谷にあったが、旗本となる。
西郷	さいごう	×	下野上田	三河	秀忠生母の縁者。綱吉時代に勤務不良で旗本に。
斎村	さいむら	×	竹田	播磨	赤松一族。広通は但馬竹田城主。関ヶ原後に自害。
三枝	さえぐさ	△	安房ノ内	甲斐	武田旧臣。徳川忠長の重臣。分割相続で旗本に。
酒井	さかい	庄内		三河	三河碧海郡の土豪で、松平親氏の子孫。忠次の家は左右衛門尉家、出羽松山は分家
		姫路		三河	雅楽頭家の重忠は厩橋城主となる。伊勢崎、小浜、敦賀、安房勝山は分家。
榊原	さかきばら	高田		三河	三河の仁木家の末で、伊勢一志郡に移る。康政は徳川四天王のひとりといわれる。
坂口	さかぐち	△	津和野	備前	宇喜多一族。千姫事件で家臣に殺され、改易。
坂本	さかもと	△	(不明)	甲斐	綱吉時代に旗本から大名になるが、勤務不良で逆戻り。

大名家	読み	封地		出身	解説
		幕末	改易時		
相良	さがら	人吉		肥後	遠江榛原郡相良荘から球磨郡の地頭として赴任した名門。
佐久間	さくま	△	長沼	尾張	織田旧臣の一族。先祖は安房。綱吉時代に小姓となることを辞退して旗本に。
佐竹	さたけ	久保田		常陸	新羅三郎義光系が常陸介として来て土着し、守護に。
里見	さとみ	△	倉吉	安房	上野の新田一族だが、亡命中の安房で戦国大名化。伯耆倉吉で無嗣断絶。
真田	さなだ	松代		信濃	信濃小県郡の滋野一族。武田旧臣だが、生き残る。
佐野	さの	△	佐野	下野	下野の名族。富田信高の改易事件に連座。
島津	しまづ	薩摩		薩摩	秦一族の公家忠久が頼朝から三国守護とされる。頼朝落胤と称す。佐土原は分家。
清水	しみず	御三卿		三河	家重次男の重好に発する御三卿のひとつ。
新庄	しんじょう	麻生		近江	藤原秀郷の末で坂田郡にあり、浅井旧臣。直頼が秀吉に仕え、高槻城主。
菅沼	すがぬま	△	丹波亀山	三河	西三河設楽郡の土豪。不祥事などで断絶。
杉原	すぎはら	△	豊岡	尾張	北政所寧々の本来の実家。無嗣断絶。
杉若	すぎわか	×	田辺	(不明)	豊臣秀長の家臣で、田辺城主。関ヶ原後に改易。
諏訪	すわ	高島		信濃	諏訪神社の社家。頼忠が家康に仕える。
関	せき	新見		尾張	常陸出身で、森可成の娘婿となり、森家にも養子を出し、領地を分与される。
		△	黒坂	伊勢	平重盛の末と称し、信長に仕える。伯耆黒坂藩主だったが、無嗣断絶。
仙石	せんごく	出石		美濃	本巣郡の秀久は信長と秀吉に仕え、讃岐国主に。
宗	そう	対馬		対馬	対馬国府官人出身で、戦国時代には守護を務める。
相馬	そうま	相馬		陸奥	下総の平将門の子孫が頼朝によって行方郡の地頭となる。
多賀	たが	×	大和神楽岡	美濃	堀秀政の与力だったが、関ヶ原で改易。加賀藩士に。
高木	たかぎ	丹南		三河	水野信元旧臣。正次が大坂の陣の功で諸侯に。
		×	高須	美濃?	高須城主だったが、関ヶ原後は堀尾家家臣に。
高橋	たかはし	△	延岡	豊後	大友氏支流。二本松藩士となる。
多賀谷	たがや	×	下妻	武蔵	埼玉郡にあり、下妻城主だったが、関ヶ原後に改易され、秋田藩士に。
滝川	たきがわ	△	常陸片野	伊勢	北畠一族の木造家の者が滝川一益の養子に。旗本となる。病弱。
竹腰	たけこし	今尾		美濃	近江源氏の流れを汲み、美濃にあった。正信の母が再婚して徳川義直を産んだため家老に。
武田	たけだ	△	水戸	甲斐	家康5男が名跡復活。水戸藩主となるが、早世。
竹中	たけなか	△	府内	美濃	竹中半兵衛の末。豊後府内にあったが、長崎奉行として業績が悪く、改易。
立花	たちばな	柳川		筑前	大友氏の一族。宗茂が秀吉に認められ、柳川城主に。三池は分家。
伊達	だて	仙台		陸奥	常陸の藤原一族が頼朝により、伊達郡の地頭に。宇和島と吉田は分家。
建部	たてべ	林田		近江	近江神崎郡出身で、秀吉の代官に。大坂の陣ののちに諸侯に。
田中	たなか	×	柳川	近江	高島郡の人。吉政は関ヶ原後に柳川城主となるが、無嗣断絶。
谷	たに	山家		美濃	近江甲賀郡から美濃に移り、衛友が信長と秀吉に仕える。
田沼	たぬま	相良		紀伊	下野佐野一族ともいう。吉宗とともに紀州藩から幕臣に。
田丸	たまる	×	岩村	伊勢	度会郡の北畠一族。関ヶ原後に改易され、加賀藩士に。
田村	たむら	一関		陸奥	坂上田村麻呂の末裔と称する田村郡の土豪。伊達政宗夫人の実家。
田安	たやす	御三卿		三河	吉宗次男の宗武が開祖だが、一橋系に移る。
長宗我部	ちょうそがべ	×	浦戸	土佐	信濃秦氏の流れで、土佐の戦国大名。関ヶ原で改易。
津軽	つがる	弘前		陸奥	近衛家庶流と称する大浦氏が南部氏から自立。黒石は分家。
筑紫	つくし	×	筑後山下	肥前	少弐氏傘下の肥前の土豪。関ヶ原後に改易。
津田	つだ	△	三牧	尾張	津田姓は織田家庶流が名乗る。2家が大名になったが、泥酔事件と辻斬り事件で改易。
土屋	つちや	土浦		甲斐	武田旧臣の忠直が家康側室の阿茶局の養子となる。
筒井	つつい	△	伊賀上野	大和	土豪で、順慶は信長のもとで大和を任される。関ヶ原で改易。
寺沢	てらさわ	△	唐津	美濃	唐津城主だったが、天草を飛び地とし、島原の乱ののちに自害。
寺田	てらだ	×	大和ノ内	播磨	豊臣秀長旧臣であったが、関ヶ原後に改易。
寺西	てらにし	×	伊勢ノ内	(不明)	丹羽旧臣で、関ヶ原で改易。詳細不明。
土井	どい	古河		三河	諸説あるが、利勝は水野信元の子か。大野と刈谷は分家。
藤堂	とうどう	津		近江	甲良郡出身の浅井旧臣。豊臣秀長の重臣。今治城主を経て津に。久居は分家。
遠山	とおやま	苗木		美濃	恵那郡の豪族の一党で、小牧・長久手の戦いのあと、家康に仕え、関ヶ原後に大名に。
戸川	とがわ	△	庭瀬	備中	宇喜多秀家家臣だったが、出奔して庭瀬藩主。旗本に。
土岐	とき	沼田		美濃	土岐一族の定政が母の実家である三河菅沼家を通じて家康につく。
徳川	とくがわ	静岡		三河	下野新田一族が三河加茂郡に土着。宗家のほか御三家や御三卿などが名乗る。
戸沢	とざわ	新庄		出羽	平家一門で、雫石を経て角館にあった。
戸田	とだ	松本		三河	渥美郡田原の土豪。本家は松平を名乗る。宇都宮、足利、高徳は分家。大垣も庶流か。
		×	大洲	(不明)	勝隆は秀吉の早くからの家臣。大洲城主。勝成は関ヶ原の奮戦で有名だが、戦死。
富田	とみた	△	宇和島	近江	足利旧臣で、秀吉時代には津城主や宇和島城主に栄転するが、不祥事で改易。
鳥居	とりい	壬生		三河	清康の代から松平家に仕える。元忠の功で、山形で24万石を領したこともある。
内藤	ないとう	延岡		三河	藤原秀郷の末。湯長谷、岩村田、挙母、高遠、泉は分家。村上は松平広忠の子ともいう。

大名家	読み	封地		出身	解説
		幕末	改易時		
永井	ながい	櫛羅		三河	源義朝を騙し討ちにした長田忠致の末が改姓。加納と高槻は分家。
中江	なかえ	×	(不明)	(不明)	秀吉の馬廻り。関ヶ原で改易。詳細不明。
中川	なかがわ	岡		摂津	多田源氏の一党。豊能郡の清秀が信長の廃家に入る。
中村	なかむら	△	米子	近江	一氏が三中老のひとり。米子城主となるが、断絶。甲賀郡出身といわれるが、不確実。
中山	なかやま	松岡		武蔵	丹治氏の一党。信吉が頼房のお守り役となり、家老に。明治元年に諸侯に。
那須	なす	△	烏山	下野	下野の名門。無嗣断絶し、旗本。
長束	なつか	×	水口	近江	近江あるいは尾張の人。丹羽旧臣。正家は水口城主だったが、関ヶ原後に自害。
鍋島	なべしま	佐賀		肥前	近江源氏の流れを汲み、龍造寺氏に仕えるが、直茂が名跡を継承。鹿島、小城、蓮池は分家。
成田	なりた	△	烏山	武蔵	北条氏のもとで忍城主。烏山に転じるが、無嗣断絶。
成瀬	なるせ	犬山		三河	二条家の末。早くから松平家に仕える。尾張藩の付家老だったが、明治元年に諸侯に。
南条	なんじょう	×	羽衣	伯耆	伯耆の土豪。関ヶ原後に改易。大坂の陣では東軍に内通し、自害。
南部	なんぶ	盛岡		陸奥	甲斐源氏の一党だが、頼朝により、糠部郡の地頭になる。八戸と七戸は分家。
仁賀保	にかほ	△	仁賀保	出羽	秋田県南部の名族。分割されて旗本に。
西尾	にしお	横須賀		三河	三河の名族吉良氏の一党の吉次は信長に仕えるが、本能寺の変後に家康のもとに。
丹羽	にわ	二本松		尾張	児玉氏の末だが、春日井郡の土豪で、斯波氏の重臣だった。長秀が信長の家老となる。
		三草		尾張	一色氏の一族で、丹羽郡にあった。
禰津	ねづ	△	豊岡	信濃	土豪の有力者である海野一族で、武田旧臣。豊岡で無嗣断絶。
長谷川	はせがわ	△	(不明)	山城	町衆出身で、信長らに仕える。無嗣断絶。
蜂須賀	はちすか	徳島		尾張	海東郡や丹羽郡のあたりで川並衆を率いる。秀吉の与力として活躍し、筆頭家老的存在に。
早川	はやかわ	×	府内	(不明)	豊後府内にあったが、関ヶ原後に改易。
林	はやし	請西		信濃	小笠原一族。幕末に旗本から幕末に昇格。
速見	はやみ	△	(不明)	近江	浅井旧臣で浅井郡の人。守久は秀頼に仕え、大坂夏の陣で戦死。
原	はら	×	美濃太田山	美濃	土岐氏一族で、柴田勝家を経て美濃太田山城主。関ヶ原後に自害。
久松	ひさまつ	多古		尾張	尾張知多半島に拠る。菅原氏だが、松平を称す。本家は旗本。ほかに松山、桑名、今治。
土方	ひじかた	菰野		大和	多田源氏の一党で、大和にあったが、雄久が信長に仕える。
一橋	ひとつばし	御三卿		三河	吉宗4男の宗尹が初代。御三卿のひとつ。のちに徳川本流となる。
一柳	ひとやなぎ	小野		美濃	伊予の河野一党だが、美濃に移り、秀吉のもとで直末が活躍。小松は分家。
日根野	ひねの	△	府内	美濃	斎藤旧臣。明暦年間になって無嗣断絶。
平岩	ひらいわ	△	犬山	三河	親吉は家康股肱の臣。義直の付家老だったが、無嗣断絶。
平岡	ひらおか	船形		河内	頼勝は小早川秀秋の家老徳野藩主(断絶)。幕末に諸侯となった道弘も同系統か。
平塚	ひらつか	×	垂井	武蔵?	為広は長刀の名手で、関ヶ原で討ち死に。旗本として残り、子孫に平塚らいてう。
福島	ふくしま	△	広島	尾張	大政所の縁者か。広島城主だったが、5万石に減封、のちに断絶。
福原	ふくはら	×		播磨	赤松氏庶流。直高は石田三成の娘婿か。大分城の築城者。
藤田	ふじた	△	西方	武蔵	武蔵七党猪俣氏の流れ。武田から上杉に。直江と対立し、出奔。大坂の陣の折に改易。
古田	ふるた	△	浜田	美濃	織部は茶人として知られる。大坂の陣で内通を疑われ、改易。
別所	べっしょ	△	園部	播磨	赤松一族。園部藩主だったが、参勤交代を怠り、改易。
北条	ほうじょう	狭山		伊豆	平家一門で足利将軍近臣の伊勢家出身の早雲が伊豆で戦後大名に。
保科	ほしな	飯野		信濃	清和源氏で、高井郡から武田氏によって高遠。会津は松平に改姓するが、飯野は保科を称す。
細川	ほそかわ	熊本		山城	足利氏支流が三河額田郡に拠る。熊本藩は和泉守護家の末裔。宇土と谷田部は分家。
堀田	ほった	宮川		尾張	尾張津島にあり、小早川秀秋旧臣。春日局夫の先妻の子の嫁ぎ先。佐倉と佐野が分家。
堀	ほり	飯田		美濃	藤原利仁の末で斎藤家臣。秀政が信長に仕える。越後国主だったが、内紛で小大名に。
		村松		尾張	堀秀政の従兄弟の直政が祖。本姓は奥田。須坂と椎谷は分家。
堀内	ほりうち	×	新宮	紀伊	熊野水軍を率い、新宮にあったが、関ヶ原で改易。
堀尾	ほりお	△	松江	尾張	高階氏を称し、岩倉織田家重臣。松江城主となったが、無嗣改易。
本郷	ほんごう	△	川成島	若狭	先祖は足利義昭家臣。幕末に川成島藩主となるが、すぐに旗本に逆戻り。
本庄	ほんじょう	高富		山城	綱吉生母の母が公家侍本庄氏と再婚。先妻の子の系統が高富、後妻の子が宮津。
本多	ほんだ	岡崎		三河	藤原兼通の末で、豊後から三河に移り、松平氏家臣。忠勝の系統。山崎と泉は分家。
		膳所		三河	本多の宗家で、宝飯郡伊奈に拠った。神戸と西端は分家。
		田中		三河	本多正信の系列はさらに遠い支流で、正純の系統は改易。飯山もこの系統に近い。
前田	まえだ	加賀		尾張	愛知郡荒子の土豪で、菅原氏。利家が信長に仕える。富山、大聖寺、七日市は分家。
		△	八上		美濃出身。玄以が五奉行のひとり。旗本として存続。
蒔田	まきた	浅尾		尾張	秀吉に仕える。江戸時代にいったん旗本となるが、幕末に復帰。
牧野	まきの	長岡		三河	東三河宝飯郡牛窪の土豪。笠間、小諸、田辺、三津根山は分家。
増山	ますやま	長島		下野	4代将軍家綱の生母の実家。
松浦	まつうら	×	伊勢井宇	和泉	秀吉近臣の久信は大津城攻撃中に戦死。
松倉	まつくら	△	島原	大和	筒井旧臣。島原城主だったが、島原の乱で改易。
松下	まつした	△	三春	遠江	遠江にあった之綱は秀吉青年期の主君。孫が正保年間に乱心のため改易。

大名家	読み	封地		出身	解説
		幕末	改易時		
松平	まつだいら	福井		下総	結城秀康の系統。松江、明石、糸魚川、前橋、母里、広瀬は分家。津山は忠直の家。
		△	吉田	三河	竹谷松平は信光の子守家の末。吉田城主だったが、断絶。
		丹波亀山		三河	形原松平は信光の子与福の末。
		杵築		三河	能見松平は信光の子光親の末。
		吉田		三河	長沢松平は信光の子親則の末。忠輝も名乗る。伊豆守信綱は大河内家からの養子。
		島原		三河	深溝松平は信光の孫忠定の末。家康に仕えた家忠の日記は有名。
		西尾		三河	大給松平は親忠の子乗元の末。老中を多く出す。岩村、田野口、豊後府内は分家。
		小島		三河	滝脇松平は親忠の子乗清の末。
		尼崎		三河	桜井松平は長親の子信定の末。
		上山		三河	藤井松平は長親の子利長の末。上田は分家。
		川越		三河	東条松平は長親の子義春の末。家康4男の忠吉が継ぐ。松井松平はその縁者らしい。
		高須		三河	尾張徳川分家。幕末に尾張慶勝、松平容保ら4兄弟を出す。
		西条		三河	頼宣次男に始まる紀伊松平分家。宗家に跡継ぎを送ったこともある。
		高松		三河	水戸松平分家。ほかに宍戸、常陸府中、守山。
		浜田		三河	越智松平は将軍家宣の弟清元の末。ただし、血統は継承していない。
		吉井		山城	鷹司松平は将軍家光の正室孝子の弟信平の末。紀州藩とも密接な関係。
松前	まつまえ	松前		蝦夷	若狭から来た武田信広が蠣崎氏を継ぎ、のちに改姓。
松浦	まつら	平戸		肥前	松浦党は元寇の折にも活躍した水軍の雄。
間部	まなべ	鯖江		甲斐	詮房は将軍家宣の側近で元猿楽士だが大名に。築城を認められるも実現せず。
真野	まの	△	(不明)	尾張	秀頼の馬廻り組。大坂夏の陣で滅亡。
丸毛	まるげ	×	美濃福東	美濃	美濃多芸郡の土豪。関ヶ原で改易。
三浦	みうら	勝山		三河	詳細不明だが、正次は土井利勝の妹の子と伝えられる。
水谷	みずたに	△	備中松山	常陸	下館の土豪で、結城氏に属す。備中松山にあったが、元禄年間に断絶。
水野	みずの	結城		三河	多田源氏。尾張春日井郡水野を経て三河刈谷に。沼津、鶴牧、山形、新宮は分家。
溝口	みぞぐち	新発田		尾張	甲斐源氏だが、尾張中島郡にあった。秀勝は丹羽長秀旧臣。
皆川	みながわ	△	常陸府中	下野	藤原秀郷の末という。広照は秀吉に所領安堵され、忠輝の家老。無嗣断絶。
三宅	みやけ	田原		三河	児島高徳の末で、三河加茂郡にあった。
宮部	みやべ	×	鳥取	近江	浅井郡で浅井家臣だったが、秀吉に降る。関ヶ原で改易。
村上	むらかみ	△	村上	信濃?	義明は丹羽旧臣。越後村上城主。出自は諸説ある。一揆で失脚。
毛利	もうり	山口		安芸	大江広元の子が相模で毛利姓を名乗って安芸高田郡に土着。長府、徳山、清末は分家。
		佐伯		近江	近江源氏鯰江氏が尾張に移り、秀吉に仕える。森に住んで森氏となり、さらに改姓。
		×	信濃ノ内	尾張	秀頼は斯波一族で、飯田城主。子の秀秋は関ヶ原で改易され、大坂の陣で討ち死に。
		×	小倉	尾張	吉成は小倉城主だったが、関ヶ原で改易。子の勝永は大坂夏の陣で自殺。
最上	もがみ	△	山形	出羽	斯波氏一族が最上郡に土着。義光の死後、内紛で改易され、1万石に。のちに旗本に。
森	もり	赤穂		美濃	清和源氏。相模愛甲郡森から美濃葉栗郡に。可成が信長に仕える。三日月は分家。
森川	もりかわ	生実		駿河	近江源氏の末で、今川旧臣。重俊は秀忠側近で殉死した。
柳生	やぎゅう	柳生		大和	菅原道真の末といい、春日神社の荘官。松永久秀に仕え、剣豪として徳川に仕える。
屋代	やしろ	△	北条	信濃	更級郡にあって武田氏に属す。正徳年間に改易。
柳沢	やなぎさわ	郡山		甲斐	武田旧臣で、吉保は将軍綱吉に館林時代から仕え、甲府藩主に抜擢。黒川と三日市は分家。
山川	やまかわ	×	山川	下総	結城重臣。関ヶ原で改易され、福井藩士に。
山口	やまぐち	牛久		尾張	周防大内氏の末が尾張に移り、織田信雄に仕える。
		×	大聖寺	尾張	秀吉の奉行として実績。大聖寺城主だったが、関ヶ原で改易。
山崎	やまざき	△	丸亀	近江	愛知郡出身で、六角旧臣。丸亀城主だったが、断絶。明治元年に成羽藩で諸侯に復帰。
山名	やまな	村岡		尾張	新田一族で数カ国の守護。元鳥取城主。交代寄合になったが、明治元年に諸侯に。
山内	やまのうち	土佐		但馬	相模の首藤山内氏一党。丹波にあったが、尾張に移り、岩倉織田家、次いで信長に仕える。
横浜	よこはま	×		(不明)	豊臣秀長の家臣。関ヶ原後に改易。
米津	よねきつ	長瀞		三河	清康のころから松平氏につき、江戸町奉行などを経て大名に。
米倉	よねくら	金沢		甲斐	武田氏庶流。重継は長篠の戦いで戦死。元禄年間に諸侯に列す。
六郷	ろくごう	本荘		出羽	鎌倉幕府以来の名門二階堂一門が横手の六郷の地頭に。
脇坂	わきざか	龍野		近江	藤原氏を称し、浅井郡の土豪。秀吉に仕え、賤ヶ岳の七本槍のひとりに。
分部	わけべ	大溝		伊勢	長野氏の一門。工藤祐経の子が伊勢長野で地頭に。
渡辺	わたなべ	伯太		三河	渡辺綱の末と称する。秀忠の時代に大坂常番を務め、大名に。

1598年の豊臣秀吉の死から明治元年までに大名家だったことがあるすべての家系を取り上げた。分家として取り上げたのは、原則として明治維新時に大名家であったものだけである。改易時の藩名は解釈により巻頭地図や図表4とは異同がある。

×:関ヶ原の戦いで改易　△:江戸時代の途中に改易

〈出典〉八幡和郎『47都道府県の戦国 姫たちの野望』(講談社)を加筆修正。

エピローグ　明治4年にすべてが消えたとき、いくつの藩があったのか

「明治維新150周年」が2018年に祝われますが、具体的にいつがその日であるかは難問です。元号だけに注目すれば明治元年旧暦9月8日（1868年10月23日）ですが、そのスタートは慶応《けいおう》3年（1867年）の大政奉還でしょうし、新政府が樹立されたのは慶応3年12月9日（1868年1月3日）の王政復古によるものです。

この時点では近代的な中央政府は樹立されましたが、現実の土地と人民の統治は封建的領主に任されたままでした。

ひとつの国としてまとまるのは明治2年6月17日（1869年7月25日）における版籍奉還と、明治4年7月14日（1871年8月29日）の廃藩置県を経てのことでした。この7月14日が新暦でフランス革命記念日であることには感慨深いものがあります。

この間のくわしい経緯については、すでに『消えた都道府県名の謎』『消えた市区町村名の謎』（イースト新書Q）で書いたため、詳細はそちらを参照いただきたいのですが、ここではおおむね桜田門外《さくらだもんがい》の変があった1860（安政《あんせい》7）年から廃藩置県のあいだに存在

したすべての藩の一覧と、その間に移動があった藩のリストを図表7として掲げておきました。

若干の解説をします。戊辰戦争以前の諸侯で本当になくなったのは請西藩《じょうざい》（木更津市《きさらづ》）のみでした。戊辰戦争で殿さまみずから脱藩して戦ったため、空中分解したのです。会津（若松）藩はいったん取りつぶされたものの、斗南藩《となみ》（むつ市）として復活しました。それから、安房の船形藩（館山市）は旗本の平岡道弘が1864年に加増で1石を超えて陣屋を建設し始めたのですが、完成前の1868年7月に領地を新政府に返上しました。そこで、これを成立した藩と見るかどうか微妙です。

また、明治元年（慶応4年）には幕府が認めていた諸侯に加え、安藤《あんどう》（紀伊田辺藩）、水野（紀伊新宮《しんぐう》藩）、成瀬（尾張犬山藩）、竹腰《たけのこし》（美濃今尾《いまお》藩）、中山《なかやま》（常陸松岡《まつおか》藩）、吉川（周防岩国藩）という御三家と長州藩の家老家、それに但馬《たじま》（兵庫県）村岡藩、備中成羽藩、常陸志筑《しづく》藩、大和田原本《たわらもと》藩、遠江堀江《ほりえ》藩、出羽矢島藩という実高1万石を持つ旗本も諸侯となり、東北の藩の一部が移封されたり、徳川宗家が静岡藩となるにともなって浜松藩などが千葉県に移ったりするなど、かなりの移動がありました。

この時点では相変わらず、藩というのは正式名称でありませんでしたし、毛利氏の領国を長州藩とか山口藩とか公式文書に書かれることもありませんでした。

1869（明治2）年に版籍奉還がなされたことで大名が知藩事に任命され、もとの領国を藩と呼び、これを治めさせることになりました。これが府藩県三治制《ふはんけんさんちせい》です。

6月17日に版籍奉還が実行され、順次、知藩事が任命されました。ただし、この時点で、各地の新田藩などについては知藩事の任命が行われませんでした。

また、同一名称を避けるために、和歌山県と京都に田辺という名の城があったため、京都府のほうは舞鶴藩になるといった名称変更も多くありました。

このときから廃藩置県までの2年間に盛岡藩など9つの藩がよその藩に吸収されたり、中央政府の直轄である県に模様替えしたりしました。

そして、廃藩置県によって藩も県と呼ばれるようになって中央政府から県令《けんれい》が任命されるようになり、大名は東京に引っ越したのです。この時点で存在した藩の一覧が図表8です。このときは3府302県となりましたが、ここに沖縄県や北海道は含まれていませんでした。

それでは、最終的にはいくつ藩があったかですが、大政奉還の段階では船形藩を含めた271藩です。そして版籍奉還までに消滅して正式な藩名がないままに終わったのが若松藩（会津藩）、請西藩、船形藩（つまり、この3藩は公式に存在したことはなく、会津藩も若松藩も、どちらも公式名称ではない）で、この期間に新設されたのは静岡藩も含めれば14藩で、差し引き282藩です。そして廃藩置県までには斗南藩が新設（実質的には会津藩の復活）され、22藩が消滅していますので、261藩ということになります。

ただし、このほかに、諸侯として徳川御三卿（田安《たやす》家、一橋家、清水《しみず》家）が加わりますが、普通はその領地を藩として扱うことはありません。

というわけで、異論はありえますが、いちおう本書における結論としては、幕末には271藩、版籍奉還のときには282藩、廃藩置県のときには261藩だったということで結論としたいと思います。

図表7　幕末から廃藩置県までの藩の異動

理由	現府県	藩名	大名	石高	理由
特殊事例	青森	斗南	松平	3	会津若松→（廃藩）→版籍奉還後に斗南へ
	岩手	盛岡	南部	13	盛岡→白石→盛岡、廃藩置県前に廃藩
	千葉	船形	平岡	1	1864年創設、1868年廃藩
		請西	林	1	貝渕→請西、1868年改易
	長野	竜岡（田野口）	松平	1	奥殿→（幕末）龍岡→版籍奉還後に廃止
	兵庫	福本	山名	1	交代寄合から新設、版籍奉還前に廃止
新設	秋田	矢島	生駒	1	交代寄合
	茨城	松岡	中山	3	水戸藩付家老
		志筑	本堂	1	交代寄合
	静岡	堀江	堀江	1	高家旗本
	岐阜	今尾	竹腰	2	名古屋藩付家老
	愛知	犬山	成瀬	4	
	兵庫	村岡	山名	1	交代寄合
	奈良	田原本	平野	1	
	和歌山	田辺	安藤	4	和歌山藩付家老
		新宮	水野	4	
	岡山	成羽	山崎	1	交代寄合
	山口	岩国	吉川	6	山口藩家老
	静岡	静岡	徳川	70	徳川宗家が1868年に立藩
版籍奉還後廃止	山形	米沢新田	上杉	2	版籍奉還時に米沢藩へ
	栃木	喜連川	喜連川	1	明治3年に日光県へ
	群馬	吉井	松平	1	明治2年に岩鼻県へ
	新潟	長岡	牧野	2	明治3年に柏崎県へ
	福井	鞠山	酒井	1	明治3年に小浜藩へ
	滋賀	大溝	分部	2	明治4年に大津県へ
	岐阜	高須	松平	3	明治3年に名古屋藩へ
	大阪	狭山	北条	1	明治2年に堺県へ
	鳥取	鹿野	池田	3	版籍奉還時に鳥取藩へ
		若桜	池田	2	明治3年に鳥取藩へ
	島根	津和野	亀井	4	明治4年に浜田県へ
	広島	広島新田	浅野	3	明治4年に広島藩へ
	山口	徳山	毛利	4	明治4年に山口藩へ
	香川	丸亀	京極	5	明治4年に丸亀県へ
		多度津	京極	1	明治4年に倉敷県へ
	高知	高知新田	山内	1	明治4年に高知藩へ
	長崎	平戸新田	松浦	1	明治3年に平戸藩へ
	熊本	高瀬	細川	4	明治3年に熊本藩へ
		宇土	細川	3	
移転	北海道	館	松前	3	松前→館
	福島	棚倉	阿部	6	白河→（幕末）棚倉
	茨城	松川	松平	2	守山→松川

理由	現府県	藩名	大名	石高	理由
移転	茨城	龍ケ崎	米津	1	長瀞→大網→龍ケ崎
	栃木	茂木	細川	1	谷田部→茂木
	千葉	曽我野	戸田	1	高徳→曽我野
		柴山	太田	5	掛川→柴山→松尾*
		菊間	水野	5	沼津→菊間*
		鶴舞	井上	6	浜松→鶴舞*
		桜井	林	1	小島→金ケ崎→桜井*
		小久保	田沼	1	相良→小久保*
		長尾	本多	4	田中→長尾*
		花房	西尾	3	横須賀→花房*
	岐阜	野村	戸田	1	大垣新田→野村
	愛知	半原	安部	2	岡部→半原
		重原	板倉	2	福島→重原
	滋賀	朝日山	水野	5	山形→朝日山
	大阪	吉見	遠藤	1	三上→吉見
	岡山	鶴田	松平	6	浜田→鶴田
	山口	山口	毛利	37	萩→(幕末)山口
	福岡	豊津	小笠原	15	小倉→(幕末)香春→豊津
		千束	小笠原	1	小倉新田→(幕末)千束
		三池	立花	1	下手渡→三池
改称	青森	七戸	南部	1	盛岡新田藩*
	秋田	秋田	佐竹	21	久保田藩
		岩崎	佐竹	2	秋田新田藩
	山形	松嶺	酒井	2	松山藩(出羽)*
		大泉	酒井	14	鶴岡藩
	茨城	石岡	松平	2	府中藩(常陸)*
	神奈川	六浦	米倉	1	金沢藩(武蔵)*
	千葉	加知山	酒井	1	勝山藩(安房)*
	新潟	峰岡	牧野	1	三根山藩
		清崎	松平	1	糸魚川藩*
	愛知	吉田	松平	7	吉田藩(三河)
	京都	舞鶴	牧野	4	田辺藩(丹後)*
		亀岡	松平	5	亀山藩(丹波)*
	岡山	真島	三浦	2	勝山藩(美作)
		鴨方	池田	3	岡山新田藩*
		生坂	池田	2	岡山新田藩
		高梁	板倉	5	松山藩(備中)
	山口	豊浦	毛利	5	府中藩(長門)
	長崎	厳原	宗	10	府中藩(対馬)

藩名と所在地は最終のものによる。移転の*は徳川宗家の静岡移転による移動。改称の*は版籍奉還時、それ以外は版籍奉還後。

減封のみのものは含んでいない。

〈出典〉八幡和郎『消えた都道府県名の謎』(イースト新書Q)ほか各種資料より筆者作成。

図表8　廃藩置県の段階で存在した藩の一覧

現道府県	藩名	よみ	大名	石高	現市町
北海道	館	たて	松前	3	松前町
青森	斗南	となみ	松平	3	むつ市
	黒石	くろいし	津軽	1	黒石市
	弘前	ひろさき	津軽	10	弘前市
	八戸	はちのへ	南部	2	八戸市
岩手	七戸	しちのへ	南部	1	七戸町
	一関	いちのせき	田村	3	一関市
宮城	仙台	せんだい	伊達	28	仙台市
秋田	秋田	あきた	佐竹	21	秋田市
	岩崎	いわさき	佐竹	2	湯沢市
	本荘	ほんじょう	六郷	2	由利本荘市
	亀田	かめだ	岩城	2	由利本荘市
	矢島	やしま	生駒	1	由利本荘市
山形	松嶺	まつみね	酒井	2	酒田市
	大泉	おおいずみ	酒井	14	鶴岡市
	新庄	しんじょう	戸沢	7	新庄市
	天童	てんどう	織田	2	天童市
	上山	かみのやま	松平	3	上山市
	米沢	よねざわ	上杉	19	米沢市
福島	二本松	にほんまつ	丹羽	5	二本松市
	三春	みはる	秋田	5	三春町
	中村	なかむら	相馬	6	相馬市
	磐城平	いわきたいら	安藤	3	いわき市
	湯長谷	ゆながや	内藤	1	いわき市
	泉	いずみ	本多	2	いわき市
	棚倉	たなぐら	阿部	6	棚倉町
茨城	水戸	みと	徳川	35	水戸市
	宍戸	ししど	松平	1	笠間市
	笠間	かさま	牧野	8	笠間市
	松岡	まつおか	中山	3	高萩市
	松川	まつかわ	松平	2	大洗町
	下館	しもだて	石川	2	筑西市
	下妻	しもつま	井上	1	下妻市
	石岡	いしおか	松平	2	石岡市
	志筑	しづく	本堂	1	かすみがうら市
	土浦	つちうら	土屋	10	土浦市
	牛久	うしく	山口	1	牛久市
	龍ヶ崎	りゅうがさき	米津	1	龍ヶ崎市
	麻生	あそう	新庄	1	行方市
	結城	ゆうき	水野	2	結城市
	古河	こが	土井	8	古河市
栃木	大田原	おおたわら	大田原	1	大田原市
	黒羽	くろばね	大関	2	大田原市
	烏山	からすやま	大久保	3	那須烏山市
	茂木	もてぎ	細川	1	茂木町
栃木	宇都宮	うつのみや	戸田	5	宇都宮市
	壬生	みぶ	鳥居	3	壬生町
	吹上	ふきあげ	有馬	1	栃木市
	佐野	さの	堀田	2	佐野市
	足利	あしかが	戸田	1	足利市
群馬	沼田	ぬまた	土岐	4	沼田市
	館林	たてばやし	秋元	6	館林市
	伊勢崎	いせさき	酒井	2	伊勢崎市
	前橋	まえばし	松平	17	前橋市
	高崎	たかさき	松平	8	高崎市
	安中	あんなか	板倉	3	安中市
	七日市	なのかいち	前田	1	富岡市
	小幡	おばた	松平	2	甘楽町
埼玉	忍	おし	松平	10	行田市
	岩槻	いわつき	大岡	2	さいたま市
	川越	かわごえ	松平	8	川越市
千葉	関宿	せきやど	久世	4	野田市
	高岡	たかおか	井上	1	成田市
	小見川	おみがわ	内田	1	香取市
	多胡	たこ	松平	1	多古町
	佐倉	さくら	堀田	11	佐倉市
	曽我野	そがの	戸田	1	千葉市
	生実	おゆみ	森川	1	千葉市
	松尾	まつお	太田	5	山武市
	鶴牧	つるまき	水野	2	市原市
	菊間	きくま	水野	5	市原市
	鶴舞	つるまい	井上	6	市原市
	桜井	さくらい	松平	1	木更津市
	一宮	いちのみや	加納	1	一宮町
	大多喜	おおたき	松平	2	大多喜町
	久留里	くるり	黒田	3	君津市
	飯野	いいの	保科	2	富津市
	佐貫	さぬき	阿部	2	富津市
	小久保	こくぼ	田沼	1	富津市
	加知山	かちやま	酒井	1	鋸南町
	館山	たてやま	稲葉	1	館山市
	長尾	ながお	本多	4	南房総市
	花房	はなぶさ	西尾	3	鴨川市
神奈川	六浦	むつうら	米倉	1	横浜市
	荻野山中	おぎのやまなか	大久保	1	厚木市
	小田原	おだわら	大久保	4	小田原市
新潟	村上	むらかみ	内藤	5	村上市
	黒川	くろかわ	柳沢	1	胎内市
	三日市	みつかいち	柳沢	1	新発田市
	新発田	しばた	溝口	10	新発田市

現道府県	藩名	よみ	大名	石高	現市町
新潟	村松	むらまつ	堀	3	五泉市
	峰岡	みねおか	牧野	1	新潟市
	与板	よいた	井伊	2	長岡市
	椎谷	しいや	堀	1	柏崎市
	高田	たかだ	榊原	15	上越市
	清崎	きよさき	松平	1	糸魚川市
富山	富山	とやま	前田	10	富山市
石川	金沢	かなざわ	前田	102	金沢市
	大聖寺	だいしょうじ	前田	10	加賀市
福井	勝山	かつやま	小笠原	2	勝山市
	大野	おおの	土井	4	大野市
	丸岡	まるおか	有馬	5	坂井市
	福井	ふくい	松平	32	福井市
	鯖江	さばえ	間部	4	鯖江市
	小浜	おばま	酒井	10	小浜市
長野	飯山	いいやま	本多	2	飯山市
	須坂	すざか	堀	1	須坂市
	松代	まつしろ	真田	10	長野市
	上田	うえだ	松平	5	上田市
	小諸	こもろ	牧野	2	小諸市
	岩村田	いわむらだ	内藤	2	佐久市
	松本	まつもと	戸田	6	松本市
	高島	たかしま	諏訪	3	諏訪市
	高遠	たかとお	内藤	3	伊那市
	飯田	いいだ	堀	2	飯田市
岐阜	苗木	なえぎ	遠山	1	中津川市
	岩村	いわむら	松平	3	恵那市
	郡上	ぐじょう	青山	5	郡上市
	高富	たかとみ	本庄	1	山県市
	加納	かのう	永井	3	岐阜市
	大垣	おおがき	戸田	10	大垣市
	野村	のむら	戸田	1	大野町
	今尾	いまお	竹腰	3	海津市
静岡	静岡	しずおか	徳川	70	静岡市
	堀江	ほりえ	大沢	1	浜松市
愛知	半原	はんばら	安部	2	新城市
	豊橋	とよはし	松平	7	豊橋市
	田原	たはら	三宅	1	田原市
	岡崎	おかざき	本多	5	岡崎市
	西大平	にしおおひら	大岡	1	岡崎市
	挙母	ころも	内藤	2	豊田市
	西端	にしばた	本多	1	碧南市
	重原	しげはら	板倉	2	刈谷市
	刈谷	かりや	土井	2	刈谷市
	西尾	にしお	松平	6	西尾市

現道府県	藩名	よみ	大名	石高	現市町
愛知	犬山	いぬやま	成瀬	4	犬山市
	名古屋	なごや	徳川	62	名古屋市
三重	長島	ながしま	増山	2	桑名市
	桑名	くわな	松平	6	桑名市
	菰野	こもの	土方	1	菰野町
	神戸	かんべ	本多	2	鈴鹿市
	亀山	かめやま	石川	6	亀山市
	津	つ	藤堂	32	津市
	久居	ひさい	藤堂	5	津市
	鳥羽	とば	稲垣	3	鳥羽市
滋賀	宮川	みやがわ	堀田	1	長浜市
	朝日山	あさひやま	水野	5	長浜市
	彦根	ひこね	井伊	20	彦根市
	山上	やまかみ	稲垣	1	東近江市
	西大路	にしおおじ	市橋	2	日野町
	水口	みなくち	加藤	3	甲賀市
	膳所	ぜぜ	本多	6	大津市
京都	淀	よど	稲葉	10	京都市
	峰山	みねやま	京極	1	京丹後市
	宮津	みやづ	松平	7	宮津市
	舞鶴	まいづる	牧野	4	舞鶴市
	綾部	あやべ	九鬼	2	綾部市
	山家	やまが	谷	1	綾部市
	福知山	ふくちやま	朽木	3	福知山市
	園部	そのべ	小出	3	南丹市
	亀岡	かめおか	松平	5	亀岡市
大阪	高槻	たかつき	永井	4	高槻市
	麻田	あさだ	青木	1	豊中市
	丹南	たんなん	高木	1	松原市
	岸和田	きしわだ	岡部	5	岸和田市
	伯太	はかた	渡辺	1	和泉市
	吉見	よしみ	遠藤	1	田尻町
兵庫	柏原	かいばら	織田	2	丹波市
	篠山	ささやま	青山	6	篠山市
	三田	さんだ	九鬼	4	三田市
	尼崎	あまがさき	松平	4	尼崎市
	豊岡	とよおか	京極	2	豊岡市
	出石	いずし	仙石	3	豊岡市
	村岡	むらおか	山名	1	香美町
	三草	みくさ	丹羽	1	加東市
	小野	おの	一柳	1	小野市
	明石	あかし	松平	8	明石市
	林田	はやしだ	建部	1	姫路市
	安志	あんじ	小笠原	1	姫路市
	山崎	やまさき	本多	1	宍粟市

現道府県	藩名	よみ	大名	石高	現市町
兵庫	三日月	みかづき	森	2	佐用町
	龍野	たつの	脇坂	5	たつの市
	姫路	ひめじ	酒井	15	姫路市
	赤穂	あこう	森	2	赤穂市
奈良	柳生	やぎゅう	柳生	1	奈良市
	郡山	こおりやま	柳沢	15	大和郡山市
	小泉	こいずみ	片桐	1	大和郡山市
	柳本	やなぎもと	織田	1	天理市
	田原本	たわらもと	平野	1	田原本町
	芝村	しばむら	織田	1	桜井市
	櫛羅	くじら	永井	1	御所市
	高取	たかとり	植村	3	高取町
和歌山	和歌山	わかやま	徳川	56	和歌山市
	田辺	たなべ	安藤	4	田辺市
	新宮	しんぐう	水野	4	新宮市
鳥取	鳥取	とっとり	池田	33	鳥取市
島根	松江	まつえ	松平	19	松江市
	広瀬	ひろせ	松平	3	安来市
	母里	もり	松平	1	安来市
岡山	岡山	おかやま	池田	32	岡山市
	津山	つやま	松平	10	津山市
	真島	ましま	三浦	2	真庭市
	鶴田	たづた	松平	6	岡山市
	庭瀬	にわせ	板倉	2	岡山市
	足守	あしもり	木下	3	岡山市
	浅尾	あさお	蒔田	1	総社市
	岡田	おかだ	伊東	1	倉敷市
	生坂	いくさか	池田	2	倉敷市
	鴨方	かもがた	池田	3	浅口市
	新見	にいみ	関	2	新見市
	高梁	たかはし	板倉	2	高梁市
	成羽	なりわ	山崎	1	高梁市
広島	福山	ふくやま	阿部	11	福山市
	広島	ひろしま	浅野	43	広島市
山口	山口	やまぐち	毛利	37	山口市
	岩国	いわくに	吉川	6	岩国市
	清末	きよすえ	毛利	1	下関市
山口	豊浦	とようら	毛利	5	下関市
徳島	徳島	とくしま	蜂須賀	26	徳島市
香川	高松	たかまつ	松平	12	高松市
愛媛	西条	さいじょう	松平	3	西条市

現道府県	藩名	よみ	大名	石高	現市町
愛媛	小松	こまつ	一柳	1	西条市
	今治	いまばり	松平	4	今治市
	松山	まつやま	松平	15	松山市
	大洲	おおず	加藤	6	大洲市
	新谷	にいや	加藤	1	大洲市
	吉田	よしだ	伊達	3	宇和島市
	宇和島	うわじま	伊達	10	宇和島市
高知	高知	こうち	山内	24	高知市
福岡	豊津	とよつ	小笠原	15	みやこ町
	千束	ちづか	小笠原	1	豊前市
	福岡	ふくおか	黒田	47	福岡市
	久留米	くるめ	有馬	21	久留米市
	柳河	やながわ	立花	11	柳川市
	秋月	あきづき	黒田	5	朝倉市
	三池	みいけ	立花	1	大牟田市
佐賀	蓮池	はすのいけ	鍋島	5	佐賀市
	佐賀	さが	鍋島	36	佐賀市
	小城	おぎ	鍋島	7	小城市
	唐津	からつ	小笠原	6	唐津市
	鹿島	かしま	鍋島	2	鹿島市
長崎	平戸	ひらど	松浦	6	平戸市
	大村	おおむら	大村	3	大村市
	島原	しまばら	松平	7	島原市
	福江	ふくえ	五島	1	五島市
	厳原	いづはら	宗	10	対馬市
熊本	熊本	くまもと	細川	54	熊本市
	人吉	ひとよし	相良	2	人吉市
大分	中津	なかつ	奥平	10	中津市
	杵築	きつき	松平	3	杵築市
	日出	ひじ	木下	2	日出町
	森	もり	久留島	1	玖珠町
	府内	ふない	松平	2	大分市
	臼杵	うすき	稲葉	5	臼杵市
	佐伯	さいき	毛利	2	佐伯市
	岡	おか	中川	7	竹田市
宮崎	延岡	のべおか	内藤	7	延岡市
	高鍋	たかなべ	秋月	3	高鍋町
	佐土原	さどわら	島津	3	宮崎市
	飫肥	おび	伊東	5	日南市
鹿児島	鹿児島	かごしま	島津	77	鹿児島市

石高の白ヌキは戊辰戦争にかかわる処分による減封。

このほか、廃藩置県のときには消滅していたが、盛岡（20→13万石）、長岡（7→2万石）という減封があった。

〈出典〉八幡和郎『消えた都道府県名の謎』ほか各種資料より筆者作成。

参考文献

本書の記述全般では、日本史広辞典編集委員会編『日本史要覧』（山川出版社）を中心に組み立て、欠落部分を須田《すだ》茂《しげる》著『徳川大名改易録』（崙《ろん》書《しょ》房《ぼう》出版）、藤井貞文・林陸朗監修『藩史事典』（秋田書店）で補い、さらに各種資料で補った。

その際に、小《お》和《わ》田《だ》哲男《てつお》監修『日本史諸家系図人名辞典』（講談社）、工《く》藤《どう》寛正《ひろまさ》編『江戸時代全大名家事典』（東京堂出版）はとくに参考とした。

図表のデータは『47都道府県の関ヶ原』（講談社＋α新書）、『47都道府県の戦国 姫たちの野望』（講談社）の執筆時に調査したものを基本とした。

ほかに拙著『江戸３００藩 県別うんちく話』『江戸の殿さま 全６００家』『江戸３００藩読む事典』（講談社＋α文庫）、『江戸三〇〇藩 最後の藩主』『江戸三〇〇藩 バカ殿と名君』（光文社新書）、『江戸全１７０城 最期の運命』（イースト・プレス）、『消えた都道府県名の謎』『消えた市区町村名の謎』（イースト新書Q）も同様のテーマを扱っている。

イースト新書Q

Q039

消《き》えた江戸《えど》300藩《ばん》の謎《なぞ》

明治維新《めいじいしん》まで残《のこ》れなかった「ふるさとの城下町《じょうかまち》」

八幡和郎《やわたかずお》

2018年1月20日　初版第1刷発行

地図・系図作成　大平年春
DTP　松井和彌
編集　畑 祐介
発行人　北畠夏影
発行所　株式会社イースト・プレス
東京都千代田区神田神保町2-4-7
久月神田ビル　〒101-0051
Tel.03-5213-4700　fax.03-5213-4701
http://www.eastpress.co.jp/
ブックデザイン　福田和雄（FUKUDA DESIGN）
印刷所　中央精版印刷株式会社

ISBN978-4-7816-8039-2

イースト新書Q

東京スリバチ地形入門　皆川典久＋東京スリバチ学会

日比谷、市ヶ谷、四ツ谷、千駄ヶ谷、阿佐ヶ谷…東京は「谷」に満ちている！　その高低差を鑑賞・体感するため設立された東京スリバチ学会。十数年にわたるフィールドワークから導き出された、町の魅力を発見・増幅するためのユニークな視座とは？　暗渠、階段、坂道、湧水、パワースポット、路線など――谷底の物語は知れば知るほど面白い！　散歩を楽しくするさまざまな情報を、会長皆川典久と11人のメンバーが紹介します。

もし京都が東京だったらマップ　岸本千佳

「赤羽」が好きな人は、「四条大宮」に行こう！　不動産業で活躍する著者が発見した「京都旅＆京都暮らし」の新法則！　〝街歩きの達人〟三浦展氏との対談を掲載！　２０１５年末、著者がマップを個人ブログにアップしたところ、20万ページビューを記録。「Yahoo!ニュース」や「NEWS ZERO」（日本テレビ系）で紹介され、話題を呼んだ。本書では、著者がどういう目線で東京と京都の街を比較したのか、そして調査で体得した街歩きの極意を解説する。

関ヶ原合戦の謎99　かみゆ歴史編集部

戦国・織豊時代から徳川体制を決定づけた天下分け目の「関ヶ原」。両軍あわせて約20万の兵力、史上最大規模の大合戦でありながら、決着はわずか一日足らずだった。計略、裏切り、誤算、それぞれの武将がどんな思惑をいだき、そこでなにが起こったのか。家康の勝利は必然だったのか、石田三成はなぜ敗れたのか。戦前の権力闘争から、東北・北陸・九州など各地における交戦、戦後の論功行賞まで、99の謎を追いながら、日本史の大転換期に焦点を当てる。